KB073311

마추픽추 주변에 펼쳐진 운무림雲霧林에서 볼 수 있는 난의 일종(마스데발리아속).

잉카가 협곡 지대에 건설한 제국의 상징과도 같은 성곽도시 마추픽추. 아침저녁으로
안개가 내려앉는 바위산 봉우리 와이나픽추를 마주하고 세워진 공중도시이기도 하다.

서쪽 산등성이에서 바라본 바위 능선 위의 마추픽추. 앞쪽에 솟은 둥근 바위산 봉우리는 푸투쿠시라고 불린다.

마추픽추 남서쪽에 위치한 빌카밤바 산군山群의 최고봉 살칸타이(해발 약 6,271m)는 예로부터 자연신이기도 한 아푸가 깃든 산으로서 아푸 살칸타이라 불리며 숭배되어왔다. 서쪽 고개에서 일몰 후 촬영.

페루 중앙부 해발 약 4,100m 고원에 위치한 후닌 호 근처를 가로지르는 친차이수유(북방권)의 카팍냔(왕의 길, 큰길). 잉카 시대에는 이 호수를 친차이코차라고 불렀다.

잉카 이전부터 성역이었다고 일컬어지는 쿠스코 주 동남쪽의 빌카노타 산군(최고봉은 아우상가테). 6,000m를 넘는 봉우리들의 기슭에 고원이 펼쳐져 있다.

'잉카의 성스러운 계곡'의 명산품, 알이 굵은 옥수수 파라카이는 건기인 6월 무렵에 천일 건조한다. 피삭 마을 근처에서.

페루의 수도 리마 시 남쪽에 위치한 파라카스 반도 주변 앞바다에는 안초비(멸치)를
먹이로 삼는 강치의 일종 오타리아가 무수히 서식하고 있다.

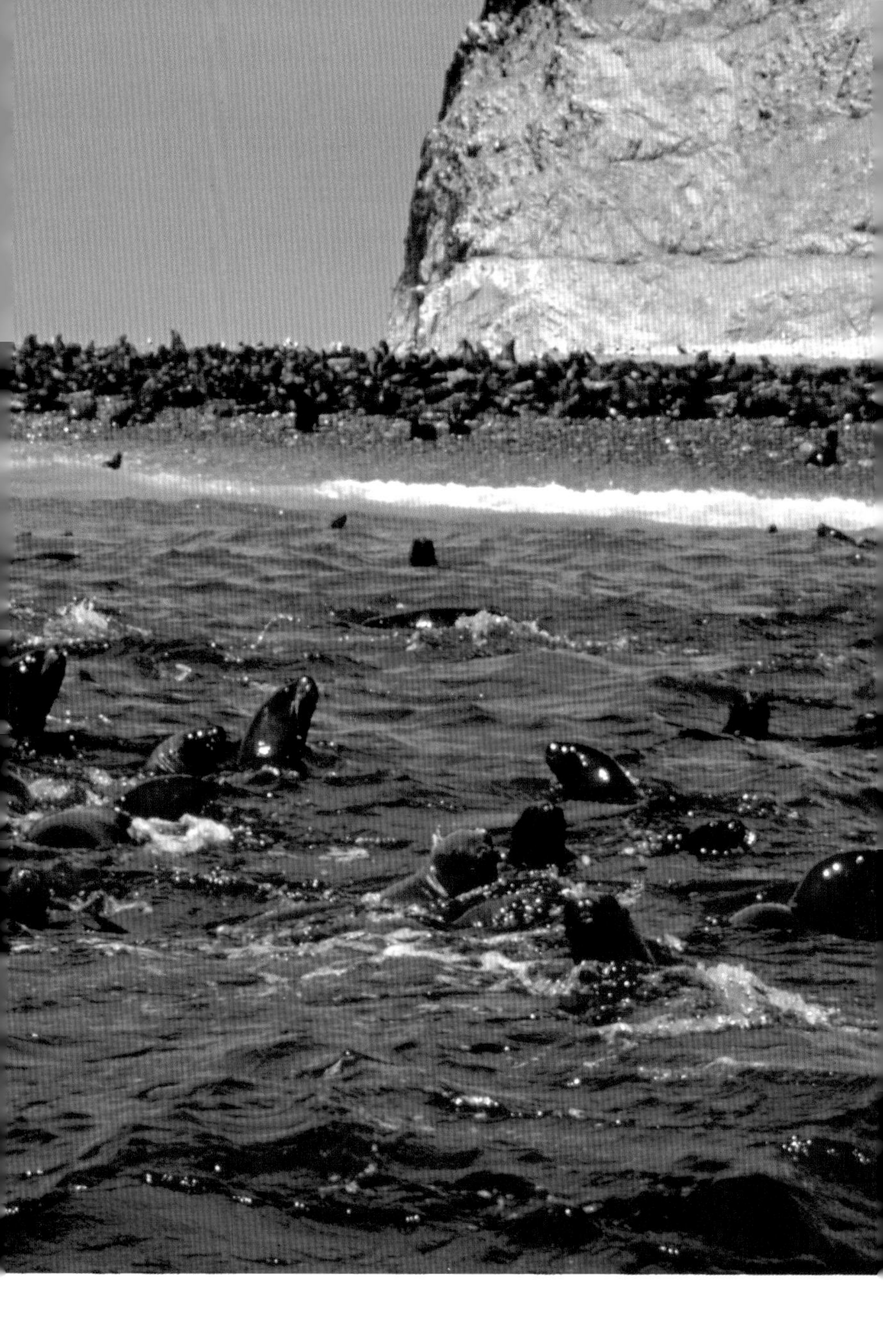

쿠스코 시가 내려다보이는 언덕에 몇백 톤이나 되는 거석을 대량 사용하여 쌓아올린 삭사이와만. 요새 혹은 제사 시설이었다고 알려져 있다.

이 와 나 미 0 0 7

잉카의 세계를 알다

기무라 히데오 · 다카노 준 지음 | 남지연 옮김

목차

일러두기

1. 이 책은 국립국어원 외래어 표기법에 따라 일본어를 표기하였다.

2. 중요한 인명, 지명은 용어 옆에 영자 또는 한자를 병기하였다.
   *인명
   예) 아미노 데쓰야網野徹哉, 파차쿠티Pachacuti
   *지명
   예) 후지 산富士山, 오얀타이탐보Ollantaytambo

3. 어려운 용어는 독자의 이해를 돕기 위해 주석을 달았다. 역자 주 외의 것은 저자의 주석이다.
   *용어
   예) 벽감(니치. 장식을 위해 벽면을 오목하게 파서 만든 공간-역자 주)

4. 서적 제목은 겹낫표(『』)로 표시하였으며, 그 외 인용, 강조, 생각 등은 따옴표, 홑낫표(「」)를 사용하였다.
   *서적 제목
   예)『잉카 황통기皇統記』

5. 제1부 사진은 저자 기무라 히데오, 제2부 사진 및 권두 컬러 사진은 저자 다카노 준이 제공한 것이다.

제1부

잉카를 알다

기무라 히데오

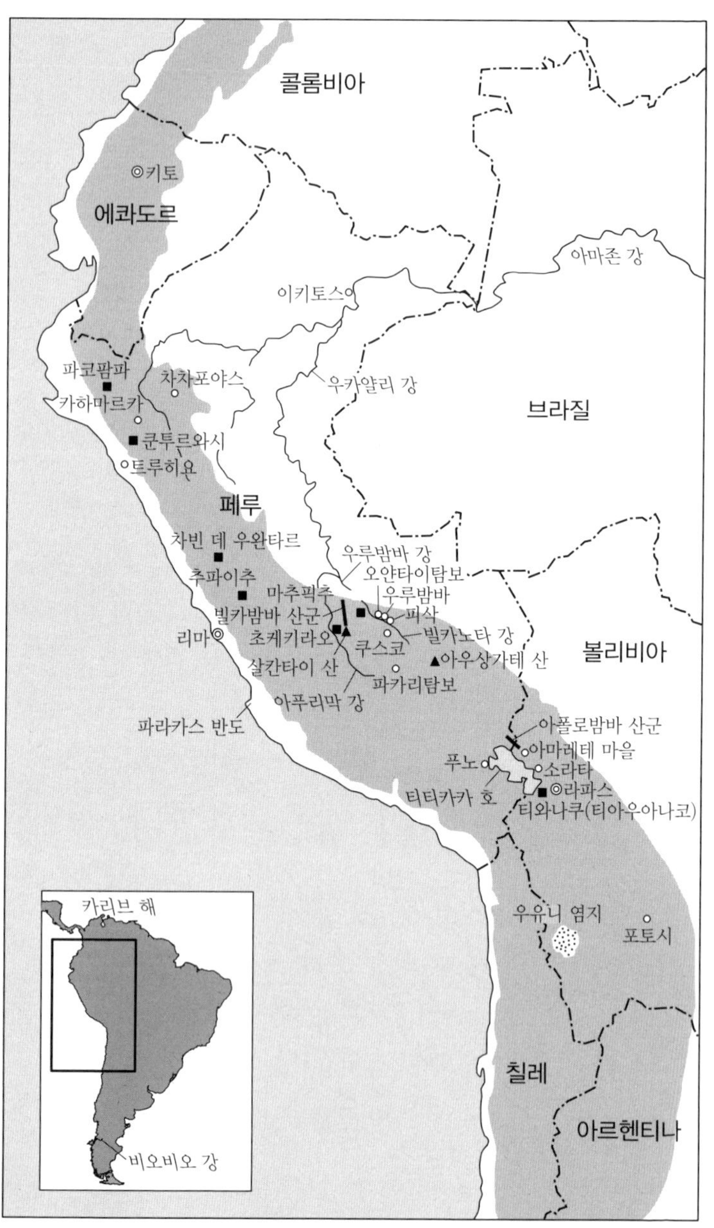

콜롬비아
◎키토
에콰도르
아마존 강
이키토스
파코팜파
차차포야스
우카얄리 강
브라질
카하마르카
쿤투르와시
트루히요
페루
차빈 데 우완타르
우루밤바 강
오얀타이탐보
추파이추
마추픽추
우루밤바
빌카밤바 산군
피삭
리마
초케키라오
빌카노타 강
쿠스코
볼리비아
아우상가테 산
살칸타이 산
파카리탐보
아푸리막 강
파라카스 반도
아폴로밤바 산군
아마레테 마을
푸노
소라타
◎라파스
티티카카 호
티와나쿠(티아우아나코)
카리브 해
우유니 염지
포토시
칠레
아르헨티나
비오비오 강

머리말——수수께끼의 마추픽추 유적

잉카라는 나라에 대해서는 안타깝게도 알려진 것이 그리 많지 않다. 일본인이 꼭 한번 가보고 싶은 곳 1위라는 마추픽추 유적조차 언제 어떤 목적으로 만들어졌는지, 또 잉카 국가와 어떤 관련이 있는지 확실히 밝혀진 것이 전혀 없다.

마추픽추 유적은 아마존 강 상류 우루밤바 강의 말 등처럼 굽은 부분에 건설되어 있다. 이 강의 서쪽에는 살칸타이 산을 비롯하여 표고 6,000m가 넘는 눈 덮인 빌카밤바 산군이 펼쳐져 있고, 그곳에서 서쪽으로 더 나아가면 아푸리막 강이 흐른다. 이 강의 동쪽 기슭에 초케키라오라는 유적이 있다. 강을 향해 뻗어 나온 능선 가운데 움푹 들어간 곳에 위치하는데, 그 형태가 마추픽추 유적과 꼭 닮았다.

마추픽추 유적은 산 위에 있으니 쿠스코 시보다 고도가 높을 것이라고 생각하는 사람도 있겠지만, 쿠스코 시가 표고 3,450m에 위치한 데 비해 마추픽추 유적의 표고는 약 2,500m, 호텔 등이 늘어선 산기슭의 표고는 2,000m밖에 되지 않는다. 마추픽추 유적은 자욱한 안개가 자주 내려앉는 운무림 지대에 자리 잡고 있는데, 이 지대는 귀중한 야생란의 보고이기도 하다.

빌카밤바 산군 내에는 많은 유적이 남아 있으며, 은 광산의 흔적도 발견된 상태이다. 그리고 산군의 북쪽 끝자락 아열대림 속에는 에스파냐에 정복당한 뒤의 잉카 망명 왕조가 처음 들어

섰다는 에스피리투 팜파 유적이 있다. 마지막 잉카들이 최후의 보루로 선택했던 점이나 많은 유적이 존재하는 점을 보면 이 지역이 잉카와 깊이 관련된 것은 분명하지만, 더 이상 자세한 사실은 알 수 없다.

이처럼 마추픽추 유적 하나만 해도 수수께끼투성이인 데다 잉카라는 국가 자체에 대해서도 모르는 것이 많다. 지금부터 이제껏 밝혀진 내용을 바탕으로 잉카 국가에 대해 현재 통설로 여겨지는 것은 무엇인지, 어째서 수수께끼투성이인지 이야기해보기로 하겠다. 다만 그러기 위해서는 잉카를 품었던 중앙 안데스 지역의 자연과 경제활동에 대해서도 언급할 필요가 있고, 잉카에 이르기까지의 문명의 변천에 대해서도 다루어야 한다.

또한 수수께끼 속으로 모습을 감춰버린 잉카의 사회와 문화는 지금의 안데스 사회와 전혀 무관한 것이 아니다. 그러므로 오늘날을 살아가는 선주민들의 사회와 문화 속에 잉카의 유산이 어떠한 형태로 남아 있는지, 아니면 남아 있지 않은지, 현재의 안데스 선주민 사회를 관찰한 결과를 토대로 이야기하고자 한다.

1. 잉카란 어떤 나라인가

1533년, 지금의 에콰도르, 페루, 볼리비아, 칠레에 걸친 거대한 국가가 에스파냐인에게 정복당했다. 이 국가는 흔히 '잉카 제국'이라 불려왔다. 하지만 그 이름은 정복당한 사람들이 사용하던 것이 아니며, 그들 스스로는 자신들의 나라를 '타완틴수유'라 불렀다고 한다. 페루의 역사가 마리아 로스트보로브스키는 '타완틴수유'를 '하나로 통합된 네 개의 지방'으로 풀이했다. 정복당한 선주민들의 언어인 케추아어로 '타와'는 '넷', '－ㄴ틴'은 '서로 연결된', '수유'는 '지방'을 의미한다.

수도 쿠스코가 위치한 와타나이 강 분지를 지배하는 지방 세력에 불과했던 잉카 국가는 15세기 초 빠르게 세력을 확장하기 시작하여, 지금의 에콰도르 북부에서 칠레 중부까지 아우르는 거대한 나라로 성장하였다. 최전성기의 잉카 국가는 남쪽으로 칠레 중부의 비오비오 강, 북쪽으로 콜롬비아 최남단의 앙가스마요 강, 서쪽으로 태평양 연안, 동쪽으로 안데스 산맥 동쪽 사면 중앙부까지를 영토로 삼았다.

북쪽과 남쪽에서는 다른 선주민 집단에게 저지당하여 그 이상 전진하지 못했다. 칠레에서 잉카의 전진을 방해한 마푸체(아라우카노)는 같은 장소에서 에스파냐인 또한 끈질기게 막아냈으며, 콜롬비아의 여러 부족은 잉카군을 상대로 대승을 거두었다. 서쪽은 태평양이므로 더 이상 확장할 수 없었고, 동쪽의 아마조니아 서부 사면지부터 열대림이 우거진 저지대까지도 진출하지 못했다.

'타완틴수유'는 수도 쿠스코의 태양신전을 중심으로 국토를 안티수유Antisuyu(아마존 저지대를 향해 펼쳐진 지방), 친차이수유Chinchaysuyu(쿠스코에서 에콰도르를 향해 펼쳐진 지방), 쿤티수유Kuntisuyu(태평양을 향해 펼쳐진 지방), 쿠야수유Qullasuyu(티티카카 호에서 칠레, 아르헨티나를 향해 펼쳐진 지방)로 나누고 안티수유와 친차이수유를 '위(아난)', 쿤티수유와 쿠야수유를 '아래(우린)'라 하였다. '위'와 '아래'라는 이 이분법은 타완틴수유에 있어 중요한 개념으로, 지금도 취락의 구분 등에 사용되는 경우가 있다.

필자가 체재했던 볼리비아 북서부 카야와야족의 마을 아마레테에서는 마을을 산펠리페와 산이키라는 두 개의 구역으로 나누어 각각 아난(위)과 우린(아래)이라고 불렀다. 그리고 아난과 우린은 틴쿠이라는 의식을 통해 서로 대항한다.

틴쿠이는 '아난'과 '우린' 양쪽에서 각각 선발된 청소년들이 투구를 쓰고 주먹에 천을 감은 채 한 줄로 나란히 늘어서서 나이와 체격이 엇비슷한 상대와 격투를 벌이는 의식이다. 아난과 우린 관계에 있는 두 마을이 강을 사이에 두고 맞서거나, 고원에 진을 친 다음 투석구(온다)로 돌을 던지기도 한다. 말을 달려 상대에게 덤벼드는 치아라헤라는 대규모 모의전투가 이루어지는 곳도 있다.

2. 잉카는 어디에서 왔는가

이 거대한 국가를 건설한 잉카 사람들은 쿠스코 지방에 옛날부터 살던 것이 아니라 다른 곳에서 이동해온 것으로 보인다. 다만 그들이 대체 어디에서 왔는지 확실하게 밝혀진 바는 없으며 신화의 형태로 전승될 뿐이다.

쿠스코 땅에 잉카 사람들이 도착한 경위에 대해서는 두 가지 유명한 신화가 존재한다. 하나는 페루와 볼리비아 국경에 위치한 티티카카Titicaca 호에서 왔다는 설, 다른 하나는 쿠스코 남쪽에 위치한 파카리탐보Pacaritambo에서 왔다는 설이다. 역사가 아미노 데쓰야網野徹哉는 그중 파카리탐보에서 왔다는 신화를 다음과 같이 정리하고 있다.

'쿠스코 시 남쪽 파카리탐보 부근의 동굴 「탐보 토코」에 잉카의 시조 망코 카팍(카파크Manco Cápac)을 비롯한 네 명의 형제와 네 명의 자매가 나타났다. 그들은 그곳에서 여행을 시작한다. 우여곡절을 거친 끝에 지금의 쿠스코 시에 도착한 망코 카팍이 그의 자매 한 사람과 결혼하여 왕조를 창시하였다.'

본래의 신화는 훨씬 길지만 지금은 이것으로 충분하리라 본다. 필자는 탐보 토코 동굴에 가본 적이 없다. 가려고 하다 근처에 있는 '푸마오르코(푸마우르쿠)'라는 곳으로 새버렸기 때문이다. '퓨마의 바위'란 뜻을 가진 푸마오르코는 강이 내려다보이는 가파른 절벽 최상부에 있는 커다란 바위로, 가지각색의 조각이 새겨져 있다. 그리고 건너편에서는 마우카약타라는 잉카 시대의 거대한 유적을 찾아볼 수 있다.

탐보 토코가 아니라 푸마오르코와 마우카약타야말로 잉카의 본래 성지였다는 설이 있다. 탐보 토코가 잉카 발상의 땅으로 여겨지게 된 사태를 선주민의 정보 조작이 불러온 결과라고 보는 것이다. 파카리탐보의 선주민 수장이 '탐보 토코가 잉카 발상의 땅이며, 그곳을 통치하는 자신들이야말로 잉카의 직계 자손'이라고 에스파냐 행정 당국에 주장하여 파카리탐보의 지배권을 인정받았다는 자료가 있기 때문이다.

하지만 성지라고 해서 푸마오르코와 마우카약타가 잉카 발상의 땅이 되는 것은 아니고, 파카리탐보가 반드시 잉카의 진정한 고지故地를 가리킨다고도 할 수 없다. 잉카 사람들이 어디에서 왔는지에 대해서는 그 이상의 증거가 존재하지 않는다. 최종적으로 모른다고 할 수밖에 없는 것이다.

심지어 잉카 사람들이 어떤 언어로 말했는지조차 알지 못한다. '현재 쿠스코 지방 선주민들의 언어인 케추아어'라는 설이 가장 많지만, 티티카카 호 주변을 중심으로 사용되고 있는 아이마라어라는 설이나, 앞에서 언급한 아마레테가 위치한 카라바야 지방에서 일찍이 사용되던 푸키나어라는 설도 존재한다. 역시 수수께끼투성이라 할 수 있겠다.

3. 잉카에 대한 기록

수수께끼투성이인 이유 중 하나는 '잉카가 문자를 갖지 못해 그들 스스로 글로 남긴 것이 전혀 없기' 때문이다. 밧줄의 매듭으로 숫자 등을 나타냈다는 키푸가 있지만 문자라고는 할 수 없으며, 잉카 시대에 키푸를 관리하던 키푸카마욕이라는 관리가 멸족했기에 읽을 수도 없다. 그래서 잉카가 어떤 나라였는지에 대해서는 에스파냐인들이 정복 이후에 남긴 기록을 토대로 추측하는 수밖에 없다.

다만 이 기록은 에스파냐인이 목격한 사실을 그저 있는 그대로 적은 것이 아니라, 현지 사람들에게 들은 이야기를 바탕으로 적은 부분도 많다. 따라서 거의 대부분을 에스파냐인이 기록한 크로니카(연대기)로 총칭되는 기록문서는 잉카 사람들과의 공동 작업을 통해 완성되었다고 봐야 한다.

그렇다면 에스파냐의 지배하에서 살아가야만 했던 선주민들이 자신들에게 유리하도록 이야기했을 수도 있다고 생각하는 편이 타당하다. 파카리탐보의 신화도 그러한 의도를 바탕으로 완성되었을 가능성이 있다. 잉카를 변혁시키고 넓은 지역을 정복하기 시작했다는 잉카 왕 파차쿠티Pachacuti의 공적을 크게 취급하는 것은, 초기의 크로니카를 저술한 에스파냐인 후안 디아스 데 베탄소스가 파차쿠티의 혈통을 이은 잉카 귀족 여성이었던 아내를 정보원으로 삼았기 때문이라고도 여겨진다.

'크로니카' 중에는 에스파냐인이 저술한 것 외에도 에스파냐인과 잉카 왕녀 사이에서 태어난 엘 잉카 가르실라소 데 라 베가(본명 고메스 수아레스 데 피게로아), 행정관과 선교사의 통역을 맡았던 펠리페 과만(와만) 포마 데 아얄라, 산타크루스 파차쿠티 얌키라는 선주민들에 의해 저술된 문서도 있다. 또한 우아로치리Huarochirí라는 마을의 주민들에게 들은 이야기를 정리한 문서도 존재한다.

과만 포마의 문서는 수많은 삽화를 통해 잉카 시대의 생활을 생생히 느끼게 하는 매우 귀중한 자료이다. 다만 이 책에도 과만 포마의 정치적 의도가 담겨 있다. 스스로의 신분을 주장하는 부분이 있기 때문이다. 이처럼 크로니카는 잉카를 연구하는 데 없어서는 안 될 자료로서 이것을 빼고는 잉카에 대해 논할 수 없지만, 크로니카를 있는 그대로 신용할 수 없는 이상 해결하지 못하는 수수께끼가 아직까지 많이 남게 된 것이다.

4. 잉카 국가는 왜 '제국'이라 불렸는가

지금까지 필자는 '잉카 국가'라는 단어를 사용했다. 하지만 이 나라는 흔히 '잉카 제국'이라 불린다. 그렇다면 왜 '제국'이라 불려온 것일까. 이 명칭의 기원은 유서가 깊으며, 근대 이후의 연구서 안에서만 나타나는 것이 아니다. '제국'이라는 명칭은 예로부터 '크로니카' 안에서 등장한다. 그에 비해 멕시코 중앙 고원의 아스테카와 유카탄 반도에서 중앙아메리카에 걸쳐 번성한 마야에 대해서는 '제국'이라는 명칭을 사용하지 않는다. 이것은 어째서일까.

그 이유가 명확히 밝혀진 것은 아니다. 하지만 에스파냐가 잉카를 정복했던 당시의 유럽 상황을 고려하면 잉카 국가가 '제국'이라 불리게 된 이유를 추측할 수 있다.

잉카 최후의 왕 아타우알파Atahualpa가 에스파냐인 피사로에게 붙잡힌 1533년의 에스파냐는 합스부르크가의 카를로스 1세가 통치하고 있었다. 카를로스는 1492년 콜럼버스가 아메리카 대륙에 도달했던 당시의 카스티야 여왕 이사벨과 아라곤 왕 페르

난도의 손자가 된다.

카를로스는 1516년 외조부모 이사벨과 페르난도의 지위를 계승하여 카스티야와 아라곤이 결합한 에스파냐의 왕이 되었고(카를로스 1세), 1519년에는 조부의 뒤를 이어 신성 로마 황제가 된다(카를 5세). 에스파냐 왕으로서의 이름은 카를로스 1세이지만 황제로서는 카를 5세이기 때문에 카를로스 5세라고도 불린다. 1556년 에스파냐 왕위는 아들인 펠리페 2세에게, 신성 로마 황위는 동생인 페르디난트에게 돌아가면서 에스파냐 왕은 더 이상 신성 로마 황제가 아니게 되지만, 이 시대의 에스파냐인이 생각하기에 '제국'이란 '신성 로마 제국'을 의미했을 것이다.

'신성 로마 제국'은 독일 · 오스트리아 권역의 수많은 왕국과 공국, 여러 귀족령, 자치도시의 연합체였다. 따라서 신성 로마 황제는 그 영역 전부를 직접 지배하는 것이 아니었다. 각각의 영토를 지배하는 왕이나 귀족 위에 선 자에 불과하며, '제국'의 대부분을 간접적으로 지배할 뿐이었다.

이와 같은 제국의 이미지가 잉카를 '제국'이라 부르게 만들었다고 볼 수 있다. 잉카 왕은 그의 모든 영토에서 직접적인 지배권을 행사하는 것이 아니었다. 지방의 수많은 나라와 규모가 작은 수장국은 여전히 전통적인 지배자 아래에 있었고, 잉카 왕은 영토 대부분을 간접적으로 지배하는 데 지나지 않았다. 이러한 잉카 국가는 에스파냐인들의 눈에 신성 로마 제국과 비슷한 '제국'으로 비치지 않았을까.

그렇다면 잉카와 마찬가지로 복수의 통치 체제를 복속시키고 있던 아스테카가 '제국'이라 불리지 않고, 잉카만이 '제국'이라 불렸던 것은 어째서일까. '제국'에는 통일성이 필요하다. '신성 로마 제국'의 정식 명칭은 '독일 민족의 신성 로마 제국'으로, 거기에는 통일성이 존재했다. 멕시코 중앙 고원의 패자였다고는 해도 아스테카가 복속시키고 있던 지역을 통일하지 못한 반면, 잉카에는 통일성이 있다고 에스파냐인들은 판단했던 것이다.

잉카의 통일성에 대한 에스파냐인들의 인식에 결정적인 영향을 준 것이 있다. 그중 하나가 전토 구석구석 뻗은 이른바 '잉카 길'이라는 도로망이다. 이 길에는 일정한 거리마다 탐보라 불리는 역참 · 물자 비축고가 설치되어 있었는데, 주변 공동체에서 징발된 사람들이 주재하는 가운데 차스키라는 파발꾼이 탐보와 탐보 사이의 길을 달렸다고 기록되어 있다. 이 길은 군대를 파견하는 데도 유용했을 것이다. 기록자들은 이와 같이 영역 전체를 연결하여 국가에 통일성을 가져온 수단에 강한 인상을 받은 것으로 보인다.

'잉카 길'은 마추픽추 유적 근처에서도 찾아볼 수 있으며, 잉카 영역 이곳저곳에 아직까지 남아 있다. 이 도로망은 콜롬비아, 에콰도르, 페루, 볼리비아, 칠레, 아르헨티나 6개국이 공동 제안하여 '카팍냔(위대한 길)'이라는 이름으로 2014년 유네스코 세계유산에 등재되었다.

5. '잉카'란 누구를 말하는가?

'잉카'라는 말은 '왕'을 의미하는 것이 아니었다. '잉카 왕'을

'사파(우두머리) 잉카'라고 불렀다는 설도 있으나 확실하지는 않다. '잉카'는 귀족에 대한 명칭이며, 특별한 머리 장식을 하고 지배자의 지위에 오른 것이 '잉카 왕'이었다.

정설로 취급되는 역대 잉카 왕의 계보는 다음과 같다.

1. 망코 카팍　2. 신치 로카　3. 요케 유판키
4. 마이타 카팍　5. 카팍 유판키　6. 잉카 로카
7. 야와르 와칵　8. 비라코차　9. 파차쿠티
10. 투팍 잉카 유판키　11. 와이나 카팍　12. 와스카르
13. 아타우알파

앞에서 말했듯이 문자가 없는 잉카에는 왕에 대한 기록도 없으므로, 이 13인의 왕명은 구전된 것이다. 이 중 제9대 파차쿠티부터 이후는 실재했으리라 추측되며, 제11대 와이나 카팍 Huayna Capac부터는 실재했던 것이 확실하다. 하지만 초대 망코 카팍부터 제8대 비라코차Viracocha까지는 신화적 색채가 강하여 실존했는지 명확히 알 수 없다.

잉카 사람들의 증언을 토대로 에스파냐인이 재구성한 잉카 왕의 이 계보는, 앞에서도 언급했듯이 잉카 사람들이 식민지 체제하에서 스스로의 지위를 확보하고자 정치적 의도를 담아 이야기하거나, 작성한 에스파냐인들이 유럽식 왕위 계승법의 영향을 받은 점도 있어 위와 같이 정연한 리스트가 완성된 것이라 추측된다.

그 때문에 잉카의 왕가는 앞서 말한 아난과 우린으로 나뉘어

각각에서 배출한 왕이 양립하는 쌍두제 혹은 삼두제였다거나 왕조가 도중에 아난에서 우린으로 교체되었다는 등 다양한 설이 존재하지만, 실제 어떠한 형태였는가에 대한 결정적 증거는 없다.

6. 잉카 국가의 확대

잉카의 역사 속에서 결정적인 중요 사건으로 꼽히는 것이 쿠스코 지방에 침공해온 창카족을 제9대 파차쿠티가 물리쳤다는 전투이다. 전의를 상실한 제8대 비라코차 왕과 왕위 계승자 우르코 대신 선두에 선 왕자 잉카 유판키가 창카족을 격퇴했다고 전해진다.

이 잉카 유판키가 바로 파차쿠티이다. 파차쿠티란 '변혁자' 또는 '대지(파차)를 뒤엎는 자'를 의미하며, 이때부터 잉카는 급속한 확장을 이룩한다. 최근의 고고학 성과를 통해 이 시기를 15세기 초 정도로 추정하는데, 그렇다면 잉카는 확장을 시작하고 나서 최후의 왕 아타우알파가 에스파냐군에 붙잡히는 1533년까지 겨우 100년 남짓한 기간 동안 광대한 국가를 구축한 셈이다.

잉카의 영역이 크게 확대된 것은 제10대 투팍 잉카 유판키 Túpac Inca Yupanqui와 제11대 와이나 카팍의 시대였다. 그렇다면 어째서, 그리고 어떻게 확장했던 것일까. 확장의 이유 중 하나로 '잉카 왕은 즉위했을 때 자신의 영지를 가지고 있지 않기 때문'이라는 것이 거론된다.

잉카 왕의 직계 자손들은 그 잉카 왕을 시조로 하는 파나카라 불리는 씨족을 형성하고 있었다. 죽은 잉카 왕은 미라로 가공되었고, 의식 등을 올릴 때 가마에 모셔져 사람들 앞에 모습을 드러냈다. 특별한 장소에 보존되던 잉카의 미라는 죽어서도 파나카의 대표자로서 살아 있는 인간처럼 하인의 시중을 받았다고 한다.

그리고 잉카 왕의 직할령은 그 잉카 왕을 시조로 하는 파나카의 토지가 되었다. 다만 자손 중 새로운 잉카 왕만은 이 파나카에 속하지 못했다. 그래서 즉위 직후의 잉카 왕에게는 귀속된 토지가 없던 것이며, 자신의 영지는 정복을 통해 새롭게 획득하는 수밖에 없었다. 그렇게 새로 얻은 토지가 그의 파나카의 토지가 되는 것이다. 이는 국가의 영토를 계속해서 넓히지 않으면 성립할 수 없는 방식이었다.

7. 잉카 국가의 변질

하지만 와이나 카팍 치세에 최대에 달한 잉카의 영역은 더 이상 확장되지 못했다. 그래서 와이나 카팍의 후계자들은 다른 형태로 스스로의 영지를 획득하는 수밖에 없게 되었다. 뒤에 서술하겠지만 잉카 국가는 지방 수장의 지배하에 있는 간접 지배지와 잉카의 직접 지배지로 구성되어 있었는데, 더 이상 영토의 확장이 여의치 않게 되면서 잉카 왕은 간접 지배지나 직접 지배지 중 어딘가를 자신의 장래 파나카의 영토로 삼지 않으면 안 되게 된 것이다.

잉카의 직할령이 어디에 있었는지 상세히는 알 수 없으나 쿠스코 시 북쪽을 흐르는 빌카노타 강 유역 가운데, 잉카 시대의 거대한 유적이 존재하며 '잉카의 성스러운 계곡'이라 불리는 피삭Pisac에서 오얀타이탐보Ollantaytambo 사이의 지역이 직할령이었을 것으로 추측된다. 그 중앙부에 위치한 우루밤바Urubamba 마을에서 와이나 카팍의 궁전으로 보이는 유적이 발굴되었고, 그보다 조금 더 상류로 올라가 필자가 머물던 칼카Calca 마을에 흘러드는 북쪽의 호촉 강 유역은 제12대 왕 와스카르Huáscar의 토지였다고 전해진다. 쿠스코에서 와타나이 강을 따라 내려온 곳에도 와스카르의 궁전이었다는 유적이 있다.

이미 각각의 파나카에 속해 있는 토지를 몰수하든, 지방 수장의 간접 지배에 맡겨둔 토지를 몰수하든, 잉카 왕이 파나카 또는 지방 수장의 토지 지배권에 개입하게 된다. 그리고 잉카 왕의 직할령이 늘어난다는 것은 잉카 왕에게만 종속되는 사람의 수가 많아진다는 뜻이기도 하다. 이렇게 종속된 사람들을 야나(복수형은 야나쿠나, 에스파냐어 표기로는 야나코나)라고 하는데, 잉카 왕이 이전보다 신격화되며 절대군주의 성격이 강해졌다고 보기도 한다.

제국 영토의 최대화와 시기를 같이하여 잉카 왕과 그에게 종속된 사람들의 관계가 변화한 것이다. 또한 지방의 수장에게 지배를 위임하는 간접 지배가 일반적이던 잉카 국가 안에서 잉카 왕의 직접 지배지가 늘어나면서 잉카와 피지배민들 사이의 관계도 변화한다.

한편 와이나 카팍은 아들 아타우알파와 함께 에콰도르에 머물다 그곳에서 죽었다. 그때까지 오직 쿠스코만을 중심으로 전토를 지배하던 잉카 국가에 또 하나의 중심지가 생겨나게 되자, 에콰도르 세력과 쿠스코 세력 간에 분쟁이 일어난다. 이것이 쿠스코의 와스카르와 에콰도르의 아타우알파가 왕위를 둘러싸고 벌인 내전이다.

와이나 카팍의 두 아들이 왕위를 놓고 벌인 이 싸움은 일단 즉위한 와스카르의 왕위를 아타우알파가 전복시키면서 종결된다. 하지만 아타우알파는 에콰도르에서 쿠스코로 향하던 도중 카하마르카Cajamarca에서 에스파냐군에 사로잡히고 만다. 에스파냐인이 도착했을 때 잉카 국가는 이미 큰 변화의 시대를 맞고 있었으며, 이것이 잉카의 패배에 영향을 주었다고 보는 견해도 있다.

8. 잉카의 정복 방식

쿠스코 지방의 작은 정치 세력에 불과하던 잉카가 급속히 확장할 수 있었던 또 다른 이유로 적대 세력에 대한 잉카의 정복 방법이 거론된다. 그 방법이란 대군을 과시하는 한편으로 잉카 쪽에서 먼저 여러 가지 물품을 증여한 뒤, 상대가 적대하지 않고 그것을 받아들이며 잉카에 대한 복속을 약속하면 무력 정벌을 하지 않는 것이었다.

그 결과 지방 수장들의 지배권을 인정하면서 잉카가 그들의 상부 권력으로 군림한다는 간접 지배 체제가 성립하였고, 광대한 영역을 급속히 잉카 국가에 편입시킬 수 있었다. 이 간접 지배는 에스파냐인에게도 채용된다. 아니, 채용할 수밖에 없었다. 소수의 에스파냐인이 다수의 선주민을 직접 지배한다는 것은 불가능한 일이었기 때문이다.

하지만 상대가 끝까지 저항할 경우 잉카는 무력을 통해 잔혹하게 정복했다. 잉카의 이러한 공격이 크로니카 속에 묘사되어 있다. 저항하지 않고 항복하면 용서하고, 저항하면 잔인하게 살육한다는 이 정복 방식은 잉카의 대군을 목격한 지방 수장들을 손쉽게 무릎 꿇렸다. 적이 간단히 항복하면 싸울 필요가 없어 병력의 소모도 줄어든다. 비슷한 방식을 18세기 카리브 해의 해적들도 사용하였는데, 아군의 손해를 줄이고 획득하는 이익을 최대화하기 위하여 역사상 세계 각지에서 흔히 쓰이던 전략이다.

잉카에 쉽게 복속하지 않은 집단은 다른 지역으로 이주시키는 경우도 있었다. 북부에서 저항했던 카냐리족과 차차포야스족 등이 그 대상이었다고 알려져 있다. 또한 반대로 새롭게 정복한 지방에 다른 곳의 주민을 이주시키기도 하였다. 이렇게 강제 이주당한 사람들을 미트막(복수형은 미트막쿠나)이라고 부른다. 에스파냐어 용어로는 미티마(복수형은 미티마에스)가 사용된다. 지금의 볼리비아 영내에는 잉카 시대의 미트막이었다고 전해 내려오는 선주민 촌락이 여럿 있다.

예를 들어 필자가 체재했다고 앞에서도 소개한, 티티카카 호 동쪽 아폴로밤바 산군 동사면의 아마레테 마을이 와이나 카팍 시대에 푸키나어를 사용하던 카야와야라는 정치 집단 한복판으로 보내진 미트막이라는 오래된 문서가 존재한다. 필자가 1983년 체재할 당시에도 집을 개축할 때면 잉카 시대 특유의 케로라는 목제 술잔이 발굴될 정도였으니, 이 마을이 잉카의 미트막이었을 가능성은 높다.

9. 증여와 재분배

정복에 나설 때 잉카는 먼저 선물을 보내지만, 일단 잉카의 지배를 따르게 되면 잉카에 대한 공납貢納의 의무가 부과된다. 피지배 측에서 제공한 것은 기본적으로 노동력이었다. 이 부역을 미타라고 하며, 미타를 수행하는 사람을 미타요라고 부른다. 미타요는 물자의 운반 등 잉카를 위한 노역을 담당했다. 토목건축 공사에 종사하는 것이나 군역도 미타였다. 미타는 식민지 시기에도 계속되어 촌락에서 차출된 사람들이 포토시Potosí 은광 등에서 일했다.

그 밖에 아크야라 불리는 처녀도 바쳐졌다. 각지에서 모인 아크야는 베 짜기 등을 담당했는데, 크로니카에도 창고에 대량의 직물이 비축되어 있었다는 기록이 있다. 또한 아크야는 잉카가 지방 수장에게 하사하기도 했다고 한다. 이를 따르지 않은 아크야와 지방 수장 아들 간의 슬픈 사랑 이야기도 남아 있다.

아크야가 짠 고급 직물과 치차라는 옥수수술도 잉카에서 증여되었다. 잉카는 지방의 마을마다 계단식 농지를 조성하고 옥수수를 경작하게 했다. 옥수수와 술은 잉카의 중요한 증여품이었다. 기록에 따르면 잉카 왕은 가두에 나와 사람들과 함께 연회를 즐기며 술에 취하기도 했다고 한다. 이를 근거로 잉카 국가가 국민들에게 술, 특별한 요리, 축제 등의 오락을 제공하는 '극장 국가'로서의 성격을 가지고 있었다고 보는 견해도 있다.

10. 안데스 산맥의 지형

앞에서 서술한 것처럼 잉카 국가가 광대한 영역을 지배했던 기간은 매우 짧다. 하지만 그 오래전부터 이 지역에는 문명이 번성하고 있었다. 여기서 남아메리카 고지대 문명의 특징에 대해 짚고 넘어갈 필요가 있다. 먼저 이 지역의 지형 · 기후 · 자연환경에 대해 살펴보도록 하자.

잉카 국가가 자리 잡고 있던 안데스 산맥은 북쪽으로 카리브 해안에서 남쪽으로 마젤란 해협을 넘어 최남단의 티에라델푸에고 섬까지 남아메리카 대륙을 남북으로 종단하고 있다. 그 전체 길이는 7,500km에 달한다. 최고봉은 아르헨티나 영내에 있는 해발 6,960m의 아콩카과 산으로, 수많은 6,000m 봉을 거느리고 있다. 히말라야 산맥을 제외하면 그 밖에 6,000m짜리 봉우리를 가진 산맥은 존재하지 않는다.

카리브 해안에서 세 갈래로 출발한 안데스 산맥은 콜롬비아 남부에서 하나로 합쳐졌다가 에콰도르를 지나 페루에 들어서면 다시 둘로 나누어진다. 동쪽과 서쪽의 두 갈래 산맥 사이에 낀 중앙부는 '꼬깃꼬깃 접은 종이를 다시 펼친 듯하다'고 표현될 만큼 산과 강이 어지럽게 뒤엉킨 복잡한 모양을 하고 있다.

하지만 페루 남부에 다다르면 평원의 양상을 띠기 시작하며,

볼리비아에서는 알티플라노라 불리는 평탄한 고원이 펼쳐지게 된다. 그 북단에는 티티카카 호, 그리고 남단에는 거대한 우유니 염지가 자리한다. 칠레에 들어가 얼마 후 산맥은 다시 하나로 합쳐져 최남단의 파타고니아로 이어진다. 산맥의 동쪽 사면은 급속히 표고가 낮아져 북부와 중부에서는 아마존 강의 지류가 광대한 아마존 분지로 흘러들어간다. 남부의 동쪽 사면은 라플라타 강 상류 파라과이 강과 연결된다.

하구에서 6,400km 떨어진 아마존 강 본류의 아푸리막 강 원류는 페루 아레키파 주의 안데스 산맥 속으로 흐른다. 안데스 산중을 북상한 아푸리막 강은 많은 지류와 만나 우카얄리 강, 아마소나스 강으로 이름을 바꿔가며 아마존 분지에 흘러든다. 아마존 강의 에스파냐어 명칭인 아마소나스 강은 브라질령에 들어가면 솔리몽이스 강으로 이름을 바꾸고, 네그루 강과의 합류점보다 하류에서는 포르투갈어 명칭인 아마조나스 강이 된다.

11. 안데스 산맥의 기후

산맥 서쪽의 해안 지대에서는 적도 해류상을 지나는 서풍이 대량의 수증기를 운반해 오는 탓에, 콜롬비아에서 에콰도르에 걸친 초코라 불리는 지역은 세계 굴지의 다우 지대를 이루고 있다. 그 남쪽에서는 한류인 훔볼트 해류가 북상하는 영향으로, 페루 북부에서 칠레 북부의 해안 지대에 1년 내내 비가 내리지 않는 사막이 형성된다. 그보다 더 남쪽으로 내려가면 온화한 온대 기후가 펼쳐지지만, 최남부 파타고니아에서는 다시 유수의 다우 지대가 되어 많은 비가 파타고니아 빙하를 만들어낸다.

서태평양의 수온이 상승하면 동쪽으로 흐르는 적도 해류는 흐름이 강해져 훔볼트 해류를 밀어내고 평소보다 남쪽까지 내려온다. 그러면 사막이던 페루 연안에는 큰비가 내린다. 이것이 엘니뇨 현상으로 사막에 커다란 호수가 나타나는 경우도 있다.

고대에 발생한 엘니뇨 현상이 거대한 홍수를 일으켜 페루 북부 해안 쿠피스니케 문화의 신전군神殿群을 파괴하자 이 문화권 사람들은 산지로 이동했는데, 이것이 새로운 문화를 생성하는 원동력이 되기도 하였다. 그 밖에도 엘니뇨 현상은 역사상 숱하게 일어나 모체moche 문화 등 북부 해안 지대 문명에 여러 차례 큰 피해를 입혔다.

적도 해류 위로 불어오는 서풍은 수증기를 운반하여 남아메리카 대륙 전역에 비를 가져온다. 일본에서는 태양이 여름에 북쪽으로 올라오고 겨울에 남쪽으로 내려가기 때문에 해류와 서풍도 남북으로 움직이며, 적도보다 북쪽에서는 여름에, 남쪽에서는 겨울에 비가 내린다. 남아메리카 북부에서 중부에 걸친 지역에서는 건기와 우기가 계절에 따라 교체된다.

12. 안데스의 자연구역

지금까지 소개한 안데스 지역의 복잡한 지형이 다양한 자연환경을 만들고, 오랜 역사를 가진 안데스 문명을 길러냈다. 잉카 국가의 중심지였던 페루는 크게 코스타(해안), 시에라(산지), 몬타냐(아마존 저지)로 나누어 설명할 수 있는데, 경우에 따라서는 보다 세세히 구분하기도 한다. 대표적인 예로 페루 전토를 여덟 개의 자연구역으로 분류하는 지리학자 하비에르 풀가르 비달의 방식이 있다.

코스타에 해당하는 것이 표고 0m에서 500m까지의 코스타 또는 찰라라는 해안 지대, 몬타냐에 해당하는 것이 표고 80m에서 400m까지의 오마과 또는 저지 셀바와, 400m에서 1,000m까지의 루파루파 또는 고지 셀바이다. 그 사이로 시에라가 펼쳐진다.

시에라에는 다섯 개의 자연구역이 존재한다. 그것은 서쪽 사면의 경우 표고 500m에서 2,300m, 동쪽 사면과 중앙 산악 지대의 경우 1,000m에서 2,300m까지에 해당하는 융가, 양쪽 사면 공통으로 2,300m에서 3,500m 사이의 케추아, 3,500m에서 4,000m까지의 수니 또는 할카, 4,000m에서 4,800m까지의 푸나, 그리고 그보다 위에서 정상까지의 항카 또는 코르디예라이다.

페루의 해안 지대는 앞에서 말했듯이 사막 지역으로서, 안데스 산맥에서 흘러내려오는 강 주변의 해안평야에서만 농경이 가능했으나, 관개 기술을 활용한 농업 생산량은 높은 수준이었다. 시대 구분 없이 유명한 것을 열거하자면 북부의 쿠피스니케, 모체, 치무, 중부의 파라카스, 남부의 나스카, 이카 등의 문화가 이 해안평야에서 번영하였다.

안데스 산맥에 걸쳐 있는 융가는 서쪽 사면에서는 해안 융가

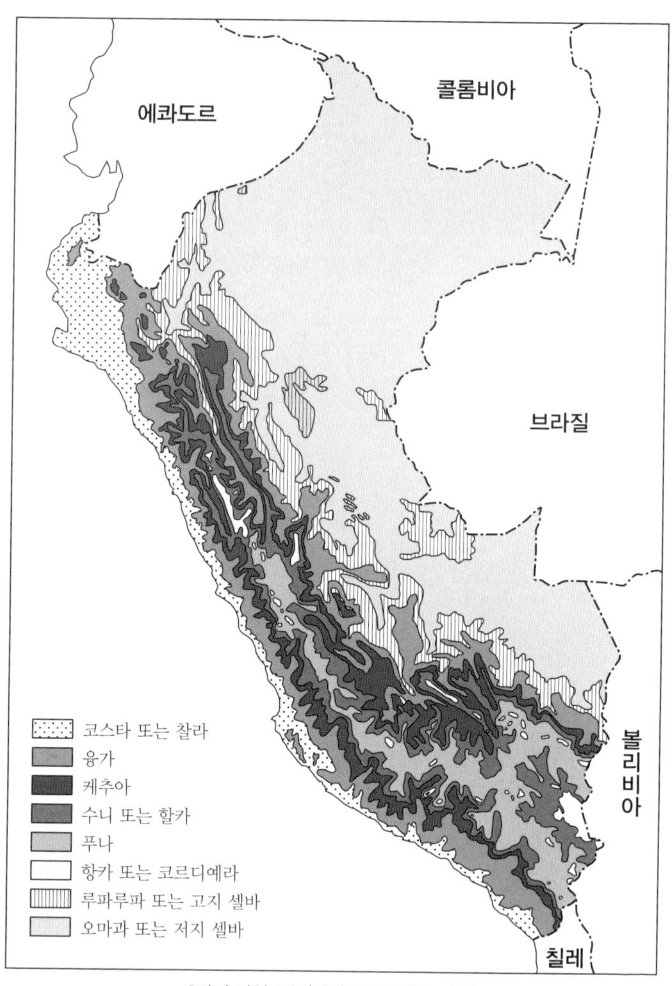

8가지 자연 구분(하비에르 풀가르 비달).

목초지의 알파카(쿠스코).

라 불리는데, 옥수수와 체리모야(슈가애플) 등의 과실 재배에 적합한 장소였다. 해안에 자리 잡은 큰 정치 집단의 지배를 받았던 지역도 많다. 강이 어지럽게 뒤엉켜 흐르는 중앙부 하천 하부에 위치한 산간 융가와 동쪽 사면의 융가는 아열대 과실과 코카인의 원료가 되는 코카 재배에 알맞은 곳이다.

케추아는 옥수수 재배, 수니는 감자와 같은 뿌리 작물 재배의 적지適地이다. 옥수수는 표고 3,500m를 넘으면 재배가 불가능하다. 감자는 표고 4,100~4,200m까지 재배할 수 있지만, 가장 표고가 높은 곳에서 재배 가능한 품종은 독성을 제거하지 않으면 먹을 수 없다. 따라서 루키 등으로 불리는 이들 감자는 동결 건조법으로 독성을 제거하고 장기간 저장 가능한 건조 감자로 가공해왔다.

푸나에서는 식물을 재배할 수 없으며 낙타과 동물인 야마, 알파카가 방목된다. 야마와 알파카 목축만을 전업으로 하는 사람도 있으나, 동시에 농사도 짓는 농목 겸업자가 많다.

13. 안데스 문명

여기에서는 잉카 이전 문명들이 어떤 식으로 잉카를 형성해왔는지 이야기해보자.

해안과 사면을 포함한 안데스 전역을 공통의 문화적 특성이 지배하던 시기가 세 차례 존재한다. 그 첫 번째가 형성기라 불리는 기원전 3000년부터 기원 전후까지의 기나긴 시기이다. 이 시대에는 농업과 목축이 번성하고 신전의 부조, 비석, 토기 문양 등에 재규어를 비롯한 고양잇과 동물을 도상화한 표현이 나타나기 시작한다. 이보다 이전 시기는 고기古期 등으로 부른다.

형성기에는 차빈 데 우완타르Chavín de Huántar 유적을 중심으로 전토에 문화가 확산되었을 것이라 추측하여 유적명에서 따온 차빈기라는 명칭을 사용하기도 했으나, 현재는 이 문화의 발생지를 차빈으로 보지 않는다. 차빈 유적이 이 시대의 중요한 유적이라는 사실은 변함없지만 일본 조사단이 발굴한 북부 고지의 쿤투르와시Kuntur Wasi, 파코팜파Pacopampa 등을 비롯하여 형성기의 중요한 유적이 계속해서 발굴되고 있기 때문이다.

그 후 문화적 통일이 무너지고 북부 해안의 모체, 남부 해안의 나스카, 티티카카 호안湖岸의 티와나쿠(티아우아나코) 등 지방마다 특징적인 문화가 번영하는 시대가 된다. 모체는 인간, 어패류, 동물, 작물 등을 사실적으로 본떠 빚은 토기로, 나스카는 전쟁 장면 등을 토기 표면에 그린 회화적 표현으로 유명하다. 나스카의 지상화에 대해서는 이미 알고 있는 독자가 많을 것이다. 티와나쿠 또한 거대한 유적과 신격神格의 상징적 표현으로 잘 알려져 있다. 이 시대는 기원후 600년 무렵까지 이어진다. 그리고 티와나쿠 문명과 유사한 문화가 전토로 확산되는 기원후 1000년 무렵까지의 시대를 페루 중남부 아야쿠초 주에 있는 유적의 이름을 따서 와리기라고 부른다.

그 후에는 다시 문화적 통일이 깨지고, 지방마다 각각의 정치 집단이 할거하는 시대가 찾아온다. 이 시대에 가장 큰 세력을 자랑했던 것이 북부 해안 트루히요 마을 근처의 찬찬Chan Chan 유적을 중심으로 한 치무 왕국이다. 이들 지방의 왕국과 그보다 규모가 작은 수장국 등을 15세기 초부터 급속히 확장하기 시작한 잉카가 통합해갔던 것이다.

잉카 국가는 이전까지의 안데스 문명을 집대성하여 나타났다. 다만 형성기 등에 비해 잉카의 고고학적 연구는 뒤처져 있다. 일본 조사단의 발굴 조사도 형성기의 유적을 대상으로 한 것이 많다. 최근에는 잉카 시기의 유적 발굴도 진행되고 있으나, 이러한 고고학 조사의 지연도 잉카에 많은 수수께끼가 남아 있는 원인 중 하나라고 할 수 있다.

14. 표고차를 이용한 농목축업

복잡한 지형과 자연환경이 안데스 사회 농목축업의 기반이 되어, 식량과 생활 자재 확보를 가능하게 했다. 덕분에 증가한 인구가 신전과 도시를 만들어내고 문명을 고도로 발전시켜, 거대한 영역을 지배하는 잉카 국가를 완성한 것이다.

해안 지역에서는 안데스 산맥으로부터 흘러내려오는 하천 유역의 옥수수 경작을 비롯한 관개 농업이 생산의 중심이었다. 목화, 호박, 강낭콩, 토마토 등이 재배되었고 어패류, 해조류 등 해산물의 이용도 활발했다. 해안 융가에서는 과수도 중요한 위치를 차지한다.

한편 산간 지역, 특히 산맥의 동쪽 사면에서는 표고차에 따른 다양한 생태 지역을 활용해왔다. 푸나에서의 야마와 알파카 사육, 수니에서의 감자 등 뿌리 작물과 키노아 등 곡류 재배, 케추아에서의 옥수수 재배, 산간 융가의 코카 재배 및 과실과 목재 채집을 조합한 생산 방식이 안데스 산지 사회의 큰 특징이었다고 할 수 있다.

산간 지역에서의 이러한 생산 방식을 '수직 제어'라고 부른다. 이 개념은 미국의 역사인류학자인 존 무라가 주창한 것이다. 무라는 에스파냐 식민 시대에 페루 중앙부 추파이추에서 실시된 순찰 기록을 조사하여, 하나의 사회 집단이 푸나에서 수니, 케추아, 융가 상부까지 표고차 있는 사면지를 연속적으로 이용하는 모습을 복원하고 이를 '수직 제어'라 이름 붙였다.

또한 무라는 티티카카 호 동안東岸에 있던 추쿠이토 왕국의

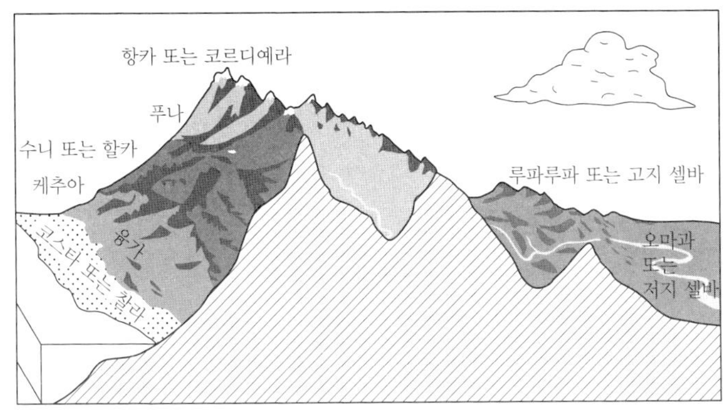

입체적으로 본 8가지 자연 구분(하비에르 풀가르 비달).

순찰 기록을 통해, 왕국이 자리한 고원 지대에서 안데스 서산맥 너머의 동사면 지역과 동사면 너머의 해안 지역으로 사람을 파견하여 격리되어 있던 월경지(특정 국가나 행정 구역에 속하면서 본토와 떨어져 다른 나라나 행정 구역에 둘러싸인 땅-역자 주)의 취락을 정비하고 옥수수를 재배시키는 등 넓은 생태 지역을 활용하고 있었다는 사실을 밝혀냈다. 이것은 '열도형 수직 제어'라고 불리고 있다.

티티카카 호에서 분수령을 넘어 북쪽으로 갈수록 표고가 낮아지는 라레카하 계곡에 그러한 월경지가 있었다. 티티카카 호안의 여러 정치 집단은 라레카하 계곡에 뒤섞이는 형태로 영토를 소유했다. 에스파냐 정복 이전 안데스 세계에서는 서로 다른 산물을 물물교환하는 것이 아니라, 되도록 많은 생태 지역을 점하여 자급성을 높이려 했던 것이다.

15. 지역을 초월한 교환

앞에서 언급한 역사인류학자 무라는 정복당하기 이전의 안데스 사회가 자급성을 중시하여, 안데스 세계에 큰 시장이 없었다고 서술하고 있다. 반면 아스테카 등이 위치하던 멕시코 중앙 고원에서는 대규모 시장이 발달한 것으로 알려져 있다. 아스테카의 수도 테노치티틀란(지금의 멕시코시티)에는 커다란 시장이 있어 각지에서 모여든 산물이 교환되었다. 이 교역망은 유카탄 반도의 마야 지역까지 퍼져 있었다. 하지만 안데스 지역에는 이러한 시장이 존재하지 않았다.

시장 대신 지역의 산물을 교환해주는 역할을 한 것이 고지에서 방목되던 야마를 이용한 장거리 카라반이다. 카라반은 해안 지역의 어패류, 해조류, 옥수수, 새똥 등의 식량이나 비료를 고지 지역에 운반했다. 그리고 고지 지역의 산물과 티티카카 호의 물고기, 함수호(염분이 많아 물이 짠 호수-역자 주)의 소금 등을 동쪽 사면 중부의 촌락까지 운반하는 경우도 있었다.

앞에서 소개한 월경지와 야마를 이용한 카라반은 지금은 더 이상 찾아볼 수 없다. 하지만 고지 지역과 저지 지역의 교류는 계속 이어졌다. 고원에서 야마를 사육하는 목축업자들이 계곡에 내려와 농작물 운반을 맡는 대신 농작물의 일부를 받거나 농지 일부의 이용 권리를 획득하는 식이었다.

또한 라레카하 계곡의 옛 월경지와 티티카카 호 연안 취락과의 관계는 식민지 시대에 소멸했으나, 두 지방의 교류는 계곡의 중심지인 소라타 마을에서 이루어지는 물물교환이라는 형태로 유지되어왔다. 티티카카 호에서 잡히는 소형 재래종 물고기 카라치와 이스피를 소라타로 운반하여 주변에서 재배된 옥수수와 교환하는 것이다. 의류나 공업 제품을 살 때는 돈이 필요했지만, 물고기와 옥수수는 화폐 없이 직접 교환되었다.

이러한 물물교환도 지금은 매우 저조해졌다. 1985년 필자가 방문했을 때 마을의 길거리를 메우고 있던 물물교환 시장은 이제 거의 볼 수 없게 되었다. 티티카카 호에서 외래종 무지개송어가 늘고 양식까지 되면서 재래종 물고기가 격감했기 때문이다.

16. 자급의 바람직한 형태

안데스 지역의 선주민 공동체는 자급성을 높이는 생산 방식을 채용해왔다. 앞에서 서술한 것처럼 푸나의 목축, 수니의 감자 재배, 케추아의 옥수수 재배를 하나의 취락이 행하는 것이다. 이것을 안데스 지역의 '농목 복합'이라고 부른다.

안데스에서는 인간의 배설물을 비료로 사용하지 않았다. 그 대체재가 된 것이 가축의 배설물이다. 고원 지역과 목초지에 축사를 마련하여 야마 등 가축의 똥을 모아두었다가 감자를 심고 옥수수를 파종할 때 뿌리거나, 정복 이후 도입된 양 등을 수확이 끝난 땅에 들여보내 배설시키는 방법으로 비료를 주었다. 본래 농업과 목축은 서로 떼어놓을 수 없는 법이다.

기후 변동과 같은 위험에 대비하여 자급성을 확보하기 위한 아이디어도 여러 가지 있었다. 그중 하나는 추위에 강한 품종,

더위에 강한 품종, 습기에 강한 품종, 건조에 강한 품종 등 저마다 다른 성질을 가진 다양한 품종을 동시에 재배하는 것이다. 이 방식이라면 날씨가 어떻든 적어도 한 품종은 대응 가능하므로 작물이 전멸하지는 않는다.

또한 마을 사람들 각자가 가진 토지를 여러 가지 조건의 토지로 분산해둔다. 이렇게 하면 역시 어떤 기상 조건에서도 어느 한 곳의 토지로 대처할 수 있기 때문이다. 안데스 지방뿐만 아니라, 스스로의 생존과 자급을 중시하는 사회라면 어디든 '이익의 확대'를 지향하지 않고 '안전제일'을 목표로 삼기 마련이다. '먹을 것이 완전히 바닥나지 않도록 하는' 것이 기본적인 생존 전략이라 할 수 있다.

다만 이 방식은 손이 많이 간다. 토지가 한곳에 모여 있지 않으니 각지에 흩어진 밭까지 이동하는 시간이 필요하고, 갖가지 작물과 품종을 재배하다 보면 농작업 시기가 서로 어긋나고 만다. 가구별로 일할 수 있는 사람 수와 연령 구성도 제각각이라, 한 가구에서 작업 전부를 해내기란 불가능하다. 마을 사람들끼리 서로 돕고 노동력을 교환하지 않으면 자급 생산 방식은 성립하지 못하는 것이다.

더구나 각 가구의 토지 면적이 균일하지 않은 경우, 자급에 실패하는 가구가 발생하게 된다. 현재 선주민 공동체에서 각각의 가족이 보유한 토지의 면적은 결코 균등하지 않지만, 아시엔다라 불리던 산지 지역의 대규모 사유지나 해안 지역의 상업 플랜테이션처럼 광대한 면적의 토지를 한 사람이 독점하는 불공평한 토지 소유가 존재하는 것은 아니다.

그리고 노동을 제공함으로써 토지의 이용 권리를 획득하거나, 노동의 보수로서 생산물을 받거나, 토지를 빌리고 수확물을 반으로 나누는 등의 방식을 통해 모든 사람의 식량 자급을 확보하는 방책을 취하고 있다. 서로 노동력을 교환하는 일대일 교환뿐만 아니라 다양한 방식을 조합하지 않으면 촌락 공동체는 유지되기 어렵다.

17. 잉카 시대의 촌락

잉카 시대에 촌락의 토지는 '잉카의 토지', '태양의 토지', '백성의 토지'로 삼분되어 '지배자'인 '잉카'와 '신'인 '태양'에게 작물을 바치기 위한 토지가 따로 있었다고 한다. 마을 사람들은 그 토지에서 봉사함으로써 지배자 잉카에게 노동을 제공했다. 잉카에 대한 사람들의 봉사로서 미타라는 부역 제공이 있었다고 앞에서 소개하였는데, 농지에서의 노동 역시 잉카가 촌락들로부터 징발한 것이었다.

현재의 선주민 공동체에서 하는 방식과 마찬가지로 토지를 공유했으며 사유지는 없었다고 추정된다. 왜냐하면 정복 전의 촌락에서는 가족마다 일정한 면적의 토지가 주어졌고, 그 토지를 정기적으로 교체했다고 기록한 크로니카가 남아 있기 때문이다. 베르나베 코보의 크로니카에는 마을 사람이 결혼하면 1투푸 면적의 토지를 받고, 아들이 한 명 태어날 때마다 1투푸, 딸일 경우에는 0.5투푸씩 더해진다고 적혀 있다. 그렇게 주어진 토지가 매년 교체되었다고 한다.

투푸의 면적에 대해서는 여러 가지 추측이 있지만, 대체로 0.5ha에서 1ha 사이라고 여겨진다. 이 단위는 쿠스코 지방에서 아직 사용되고 있는데 지금은 0.4ha에 해당한다. 에스파냐인들은 투푸가 에스파냐의 옛 단위인 1파네가 분량의 곡물을 수확할 수 있는 면적(파네가 또는 파네가다라고 불린다)에 상당한다고 생각했다. 하지만 투푸가 어디에서나 동일한 면적을 가리켰다고는 볼 수 없다. 쿠스코의 표고 4,000m 가까운 곳에서, 마을 사람이 보측步測과 간이 측량을 통해 1투푸라고 가르쳐준 밭의 면적을 실제로 재어봤더니 약 0.75ha였기 때문이다. 다른 곳에서도 시험해봤는데 저마다 수치가 달랐다.

사람들에게 중요한 것은 토지의 면적이 아니라 거기서 얼마만큼의 작물을 수확할 수 있는가이다. 그래서 표고·기후·토양의 조건에 따라 투푸의 면적이 변한 것이라 생각한다. 또한 면적 단위로서뿐만 아니라 거리·부피·노동량을 측정하는 단위로서도 사용되었던 잉카 시대의 투푸는 모든 사물을 헤아리는 기본 단위였다.

정복 후 이른 시기에 작성된 디에고 곤살레스 올긴의 케추아어 사전에서 투푸는 '무엇에든 사용하는 단위'라고 정의되었으며, 앞에서 소개한 엘 잉카 가르실라소 데 라 베가의『잉카 황통기皇統記』에서는 '1레구아(약 5.57km) 거리를 가리키는 동시에, 동사로 쓰이면「계측하다」를 의미하고, 물과 포도주 혹은 온갖 마실 것을 측정하는 단위로서도 사용된다'고 적혀 있다.

현재의 선주민 공동체에는 야마의 하루치 노동력은 인간이라면 몇 사람분에 해당하는가, 특정량의 수확물을 얻으려면 어느 정도 면적의 밭이 필요한가, 일정한 옥수수 씨앗이나 씨감자를 경작하기에 알맞은 토지 면적과 그에 따른 예상 수확량은 어느 정도인가 등에 대한 대략적인 환산 비율이 존재한다. 경지 면적, 수확량, 씨앗의 양, 인간과 가축의 노동량을 서로 환산할 수 있게 되어 있는 것이다. 따라서 앞서 말한 복잡한 사회적 교환이 성립 가능하다. 이것은 아마 잉카 시대에도 그랬을 것이다.

지금의 선주민 공동체에서 토지는 공유의 대상이기에 사유할 수 없다. 하지만 토지의 이용권은 각각의 가족이 보유하고 있으며, 타인은 그 권리를 침해하지 못한다. 이용권은 상속하는 것도 가능하다. 농지뿐만 아니라 목초지도 이용권은 대개 가족 단위로 정해져 있다. 다만 이용하는 사람이 없거나 마을에 대한 의무를 다하지 못하면 그 토지의 이용권은 마을로 귀속된다.

이러한 토지 보유 제도는 정복 초기부터 이루어졌는데, 잉카 시대에도 이미 실시되고 있었다고 보는 견해도 있다. 크로니카에 기록된 것처럼 매년 토지를 교체하기란 비현실적이라고 생각하기 때문이다.

18. 안데스의 농경의례

잉카 제국이 정복당했을 때 유럽은 종교개혁의 시대로, 프로테스탄트와 가톨릭 간에 격렬한 싸움이 벌어지고 있었다. 1492년 그라나다 왕국을 정복한 직후의 에스파냐에서는 기독교로 개종한 유대교도와 이슬람교도에 대한 이단 심문이 이루어졌고, 잉카의 옛 영토에서도 우상 숭배 박멸이 주창되어 미라가 불태워졌다. 그로부터 500년이 지났다. 기나긴 기독교 포교의 역사 속에서 안데스 선주민들은 기독교도가 되었다.

하지만 그렇다고 지금의 안데스 사회에 비기독교적인 요소가 전혀 남아 있지 않은 것은 아니다. 그 한 가지 예로 앞에서 몇 번이나 이름을 언급한, 볼리비아 선주민 카야와야족의 마을 아마레테에서 본 코아라는 의례에 대해 이야기하고 싶다. 코아는 아마레테 촌락 전체가 실시하는 감자 심기 의례이다. 선주민 촌락의 농경과 목축에 관한 의례는 보통 가족 단위로 이루어지며, 촌락 전체가 참여하는 이러한 대규모 농경의례는 거의 보고된 적이 없다.

이 의례의 특징은 촌락 전역에서 구성원 전원이 여러 가지 것들을 가져와 중앙에 모았다가, 그것을 다시 전체에 분배한다는 의례의 진행 방식에 있다. 먼저 온 마을의 샘에서 물을 떠다 모은다. 그리고 촌락 중앙에 있는 집의 마당에서 도축·해체한 야마 고기를 각지의 샘에서 떠온 물과 함께 커다란 단지에 집어넣고 삶는다. 그렇게 뼈째 삶은 고기는 참가자 전원에게 분배한다. 주민들은 고기를 가지고 집에 돌아가 가족이 함께 나눠 먹지만, 뼈는 버리지 않고 다음 날 다시 가지고 모여 마당의 정해진 위치에 묻는다.

또한 다른 날에는 각자 집에서 커다란 냄비에 감자 수프를 담아 가지고 모인다. 냄비를 끌어안은 여자들은 마당 중앙에 둥글게 모여 지참한 수프를 나눠 담는다. 남자들은 벽 쪽에 한

늘어선 수프와 남자들(아마레테).

샘에서 물을 모을 때 행하는 의례.

줄로 나란히 앉는데, 남편은 부인이 담은 수프 접시를 남자 한 사람 한 사람 앞에 늘어놓는다. 그러면 남자들 앞에 수프가 열 접시 이상 놓이게 된다. 결국 다 먹지 못하고 남은 수프는 다시 냄비에 쏟아 집으로 가져간다. 집집마다 돌며 기부를 받는 역할을 하는 노인도 있다.

이 의례에서 이루어지는 것은 온 마을의 힘이 중심에 모이고, 그러한 집중으로 생성된 성스러운 힘이 다시 사람들에게 분배된다고 하는, 잉카 사회를 형성하는 집중 · 재분배 원리의 종교적 · 의례적 표현인 것이다.

그리고 이 의례에서는 격년에 한 번씩 마을의 정남쪽에 있는 뾰족한 산과 정북쪽에 있는 둥근 산에 올라가, 정해진 위치에 야마의 태아 등으로 만든 공물을 바친다. 필자가 관찰한 둥근 산의 의례에서는 산꼭대기 바로 밑의 벼랑 아래에서 정동쪽을 향한 채 공물을 준비하고, 그대로 정면에 태양이 떠오르기를 기다렸다가 산꼭대기에서 공물을 머리 위로 치켜들고 구워 일정한 장소에 묻었다.

이 의례는 케추아어로 코아라고 부르는 플레이아데스성단(묘성)이 다시 산 위에 나타나는 시기에 행해진다. 플레이아데스성단과 농작업 개시의 관계는 안데스와 아마존 선주민 사회의 전통적 문화 속에서 여러 차례 나타난다. 또한 카야와야 사람들은 주술 치료사와 약초상으로서 유명한데, 코아는 주술 치료사이기도 한 푸리체라 불리는 선주민 사제에 의해 거행되는 것이다. 이와 같이 이 의례는 매우 비기독교적인 성격이 강하다.

19. 쿠스코 지방의 목축의례

코아와 같은 원리는 목축의례에서도 찾아볼 수 있다. 쿠스코 지방의 '잉카의 성스러운 계곡' 북쪽에 우뚝 솟은 산지의 여러 마을에서 관찰한 가축의 증식의례를 소개하겠다. 이 의례가 이루어지는 때는 2월의 카니발 시기와 8월이다. 8월의 의례는 아고스토쿠이(8월을 뜻하는 에스파냐어 아고스토에 케추아어 어미인 쿠이를 붙인 것)라 불리고 있다.

안데스 지역의 여러 곳에서 8월은 '대지가 배를 곯고 있으니 먹을 것을 주어야 한다. 시기가 안 좋기 때문에 새로운 것을 시작하거나 여행하는 데 적합하지 않다'고 인식된다. 따라서 대지에 영양가 있는 것(공물)을 바치지 않으면 안 되는 것이다.

밤에 집 안에서 이루어지는 의례에서는 아푸라 불리는 여러 산의 신령, 모든 종류의 꼴(목초), 모든 색의 가축을 불러 모은다. 모든 산에는 아푸가 깃들어 있는데, 여기서 불리는 것은 가장 힘이 강한 산의 아푸 즉 가장 높은 산의 아푸로, 예를 들어 이 지역이라면 제일 높은 아우상가테 산과 살칸타이 산의 아푸 및 마을에서 가까운 높은 산의 아푸이다.

아푸에 대한 기도문을 외고, 한 쌍의 완전한 형태를 한 코카 잎을 향해 숨을 내쉰다. 이 행위를 사마이라고 부른다. 코카 잎은 입에 넣고 씹는데, 다 씹고 난 잎을 버리면 안 된다. 이 잎을 '꼴'이라고 여기기 때문이다. 모인 '꼴'은 다른 공물과 함께 푸카라라는 정해진 장소에서 구멍에 넣고 불을 붙였다. 공물이 잘 타면 대지가 흡족히 먹었다는 뜻이므로 의례는 성공이었다.

재미있었던 것은 외국인인 필자에게 아푸를 불러보라고 한 일이다. 먼저 "너희 나라에서 가장 높은 산의 아푸를 불러보라"고 하기에, 필자는 후지 산富士山의 아푸를 불렀다. 그랬더니 이번에는 "네가 살고 있는 마을의 아푸를 불러보라"고 하여, 필자는 아타고 산愛宕山의 아푸를 불러보았다. 그러자 동석하고 있던 선주민들이 매우 기뻐하며 연신 "고맙다"는 인사를 하였다. 이전까지 없던 새로운 아푸의 힘을 얻었기 때문일 것이다.

가축의례에서 피리를 불고 있다(쿠스코).

20. 잉카와 현재의 선주민 문화

힘을 중앙에 집중시키고, 그 힘을 다시 분배한다고 하는 잉카 시대의 기초적인 원리가 지금까지 설명한 의례에도 계승되고 있다고 할 수 있다. 마지막으로 이 원리가 잉카 시대의 유적에 어떻게 표현되어 있는지 살펴보겠다.

잉카 시대의 유적은 돌의 정교한 짜임새로 유명하다. 쿠스코 시내의 벽을 구성하는 12각형 돌이 가장 유명할 것이다. 다만 정교한 석축은 잉카 시대의 유적뿐만 아니라, 다양한 시기의 유적에서도 찾아볼 수 있다.

잉카를 비롯한 안데스 문명의 유적에 사용된 석재가 바로 근처에서 잘라온 것이라고는 단언할 수 없다. 아주 멀리 떨어진 곳에서 운반해왔다고 알려진 예도 많다. 가령 에콰도르에 남아 있는 유적의 일부 석재는 쿠스코 근교의 채석장(루미콜카[루미(바위)의 콜카(집적소)])에서 반출되었다는 사실이 밝혀진 상태이다.

아메리카 대륙의 고대 문명은 철기도, 바퀴도, 사람이 탈 수 있는 가축도, 석조 아치도 가지고 있지 않았다. 짐수레도 없고 견인할 동물도 없는 가운데, 어떤 방법으로 멀리까지 돌을 운반한 것일까. 잉카 왕이 타고 다니던 것 같은 가마에 실어 운반한 것일까. 아니면 지면을 질질 끌어 운반했을까.

잉카는 채찍으로 돌을 때려 걷게 만들었다는 말이 구전되어 온다. '잉카의 성스러운 계곡'에 있는 오얀타이탐보 유적 옆에는 피에드라스 칸사다스(지친 바위)라 불리는 바위가 있다. 전해 내려오는 이야기에 따르면, 멀리서 그곳까지 겨우 걸어왔지만 힘이 다하여 더 이상 걸어갈 수 없게 된 바위라고 한다.

넓은 지역에 걸쳐 석재를 모으는 것, 이러한 행위는 앞에서 설명한 농경의례나 목축의례와 같은 생각에서 비롯되었을 것이다. 가능한 한 많은 곳의 힘이 한군데에 모였다가 그 신성한 힘이 다시 확산됨에 따라 사람이, 가축이, 그리고 세계가 풍요로워진다는 안데스의 세계관은 지금을 살아가는 선주민들의 세계 속에 여전히 살아 숨 쉬고 있다.

제2부

잉카를 알기 위한 10가지 시점

다카노 준

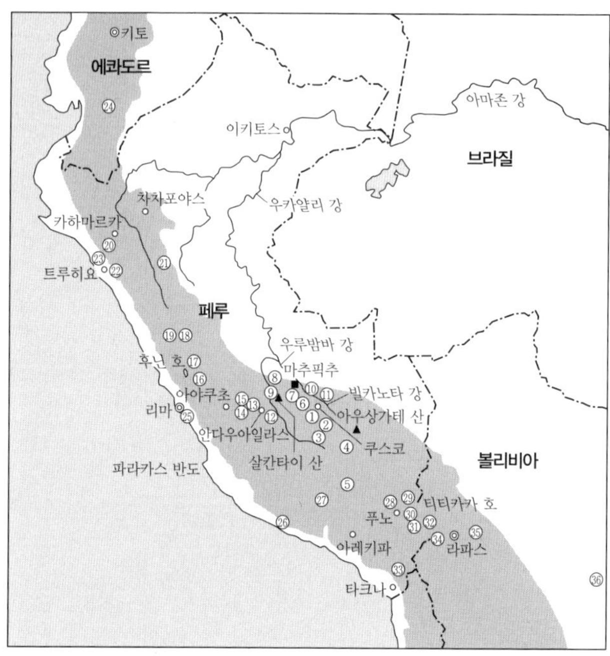

① 티폰 ② 와나카우리 ③ 파카리탐보 ④ 락치 ⑤ 마우카약타 ⑥ 수리테, 모라이, 마라스 ⑦ 사약마르카, 푸유파타마르카, 위냐이 와이나, 인티파타 ⑧ 비트코스, 에스피리투 팜파 ⑨ 초케키라오 ⑩ 오얀타이탐보, 칼카 ⑪ 니나마르카 ⑫ 사이위테 ⑬ 손도르 ⑭ 빌카스와만 ⑮ 푸마코차 ⑯ 타르마탐보 ⑰ 우아라우탐보 ⑱ 바뇨스 델 잉카, 우아누코 팜파 ⑲ 차빈 데 우완타르 ⑳ 쿤투르와시 ㉑ 그란 파하텐 ㉒ 우아카 데 라 루나 ㉓ 우아카 데 브루호 ㉔ 잉가피르카 ㉕ 파차카막 ㉖ 푸에르토 잉카 ㉗ 코타우아시 ㉘ 시유스타니 ㉙ 케냘라타 ㉚ 잉카아냐타나 ㉛ 잉카카마냐 ㉜ 태양의 섬, 달의 섬 ㉝ 타라타 ㉞ 티아우아나코(티와나쿠) ㉟ 타케시 길 ㊱ 푸에르테 사마이파타

머리말

잉카 제국은 15~16세기 초에 걸쳐 북으로는 지금의 콜롬비아 남부에서 남으로는 아르헨티나와 칠레 중부까지를 영토로 하였다. 잉카 제국에 대해서는 아직 미지의 수수께끼가 많지만, 무엇보다 놀라운 것은 타완틴수유(네 개의 지방)라 불리던 영토의 넓이이다.

이 타완틴수유의 남북으로는 험준한 안데스 산맥이 뻗어 있고, 동서로는 해안사막 지대와 아마존 지대가 펼쳐져 있다. 지도가 없던 시절 잉카는 대체 어떻게 자신들의 광대한 영토 전체를 머릿속에 그리고 파악했던 것일까.

구전에 따르면 잉카는 15세기를 중심으로 약 100년 사이에 대제국으로 성장하였다. 그처럼 짧은 기간에 각 지방으로 군사원정을 되풀이하여, 지나치다고 할 수 있을 만큼 광대하게 영토를 확장한 것 자체가 애초에 불가사의한 일이다. 타완틴수유는 지형의 기복이 심하고 기후를 비롯한 자연환경이 다른 지방이 너무나도 많았기 때문이다.

그럼에도 잉카는 병사들의 식량 확보와 운반에 많은 어려움을 겪고 여러 차례 고전은 했을지언정 결과적으로 수많은 전투에서 끊임없이 승리한 것이다.

잉카가 자랑하던 것은 그러한 병참을 비롯한 전투력만이 아니었다. 그들은 정복한 주요 지방에 태양신전을 중심으로 한 도시를 건설했고, 더 나아가 전 타완틴수유의 각 지방이 서로 다른 지방, 그리고 잉카의 수도 쿠스코와 이어지도록 큰길 또는 왕의 길이란 뜻의 카팍냔을 망라하여 구축하였으며, 그 요소요소에 탐보라는 황제나 귀족의 역참과 콜카라는 식량고를 설치했다.

그렇게 전쟁의 나날을 보내며 도시와 마을, 길을 만드는 한편으로 쿠스코 주변 고원과 골짜기에 거석을 사용하여 요새 혹은 제사 시설 등으로 알려진 삭사이와만과 마추픽추를 비롯한 몇 개의 도시, 신전과 황제 직할의 안데네스(계단식 밭) 등을 건설한 것이다. 어느 것이나 아찔할 만큼 어마어마한 노동력이 필요했을 대사업뿐이다.

제2부에서는 그처럼 놀라운 형태로 비약한 잉카의 발자취를 10가지 시점에서 사진을 중심으로 더듬어보려 한다. 이를 통해 노도와 같은 기세로 힘을 길러 안데스 지방을 석권한 잉카 제국에 대해 일부분이나마 엿볼 수 있는 기회가 될 것이다.

1. 태양신전의 확산

크로니스타(연대기 크로니카 작가)가 전하는 시조전설 중 하나에 따르면 잉카족은 티티카카 호 방면에서 유랑해왔다고 한다. 그들 가운데 아야르 망코Ayar Manco(후의 초대 황제 망코 카팍)를 비롯한 아야르 형제자매가 지금의 쿠스코를 도읍으로 삼고 나라의 초석을 다지며 기초가 되는 태양신전을 건설했다.

그 무렵에는 돌로 된 오두막에 불과했던 태양신전을 황금으로 뒤덮인 건물로 개축한 것이 15세기 초 잉카를 비약적으로 성장시킨 제9대 황제 파차쿠티이다.

태양신전에는 잉카가 주신으로 삼은 태양 외에도 달, 번개, 무지개 등의 신들을 모신 호화로운 방이 마련되어 있었다. 파차쿠티와 후대의 황제들은 태양 신앙의 기치를 내걸고 동서남북을 지배하며 각 지방의 중심지에 도시와 함께 태양신전을 세웠다. 그러한 태양신전은 잉카가 정복한 왕족과 호족들에게 태양신을 숭배하게 만드는 동시에 그들을 종속시키는 중핵이기도 하였다.

무엇보다도 잉카의 위광과 힘을 과시하기 위해 쿠스코와 마찬가지로 태양신전 가까이에 신관의 저택과 아크야우아시(태양신에게 봉사하는 처녀들의 집)를 함께 짓는 양식을 무너뜨리지 않았다. 다만 태양신전과 그것을 둘러싼 건물의 형태나 위치를 쿠스코와 유사하게 맞춘 것이 아니라 각각의 지방에 따라 변화시켰다.

정복한 지방의 종교와 신앙을 존중하여 이미 존재하던 신전을 부수지 않고 잉카의 신전을 증설한 곳이 있는가 하면, 쿠스코에서는 볼 수 없는 제단 우스누(우슈누)를 쌓거나 종교적 요소에 더해 교역의 발달을 도모하려 한 곳도 있다. 그 밖에 두려움의 대상이던 퓨마 모양으로 개조한 호수 근처에 세운 신전이나 오랜 옛날부터 성스러운 존재로 숭상하던 티티카카 호의 섬들에 세운 신전도 존재한다. 또한 성석聖石으로 삼은 거대한 바위를 신전도시 중앙에 모시기도 하였다.

이렇게 각각 독자적인 개성을 가진 신전과 신전도시가 안데스 각 지방에 수많이 분포되어 있었다. 해안 지방에서는 기원전 3000년 무렵부터 신전이 건설되기 시작하여 이후 탄생한 문명들에 계승되어왔다. 그러한 신전의 확산은 티티카카 호 남쪽에 대신전을 구축한 티아우아나코 문명(기원전 탄생, 전성기는 4~9세기경)을 낳은 고지 지역도 마찬가지였다. 말하자면 안데스는 오랜 옛날부터 신전 문명의 연속이었다고 할 수 있는 것이다.

삭사이와만 유적에서 바라본 지금의 쿠스코 시가지. 중심부에 중앙 광장인 플라사 데 아르마스가 있다.

1) 제국의 중축이기도 했던 쿠스코의 태양신전

쿠스코 시는 해발 약 3,400m의 분지형 고지에 위치한다. 현재 중앙 광장(플라사 데 아르마스)의 토대가 된 잉카 시대의 우아카이파타(기쁨의 광장)는 더욱 넓었다. 그 광장 둘레를 역대 황제와 귀족의 저택 등이 둘러싸고 있었다. 당시의 쿠스코는 아난(상부) 쿠스코와 우린(하부) 쿠스코로 나뉘어 있었으며, 수도 전체가 평평한 언덕 위의 삭사이와만을 머리 부분으로 하는 퓨마 모양으로 건설되어 있었다.

우린 쿠스코 한 구획에 자리한 태양신전은 줄기와 잎까지 황금으로 된 옥수수가 마치 밭에 심어진 것처럼 늘어서 있는 정원과 서로 다른 석재로 쌓아올린 3, 4층 구조의 상부로 이루어져 있었다. 신전 내부에는 흡사 살아 있는 것처럼 금은으로 치장한 역대 황제의 형상(미라)이 놓인 태양의 방이 있었다. 잉카가 정복당한 뒤 이 태양신전을 기초로 산토도밍고 성당이 건설된다.

◎신전

황금의 태양신전

코리칸차(황금 울타리)라고도 불리는 태양신전. 1942년 쿠스코 지방에 발생한 지진으로 많은 건물이 붕괴했지만, 이 유적을 비롯하여 잉카가 쌓아올린 석조 건축물은 어느 것 하나 미동조차 하지 않았다.

신전 내부에는 벽감(니치. 장식을 위해 벽면을 오목하게 파서 만든 공간-역자 주)이 설치된 방이 많다. 그 가운데 태양, 달, 번개, 무지개 등의 신들을 모신 방이 나란히 늘어서 있었다고 한다(좌). 반원형 측벽 상부에 내진 구조로 짜 맞춘 듯한 돌이 보인다(우).

2) 각 지방에 점재하는 대신전

각 지방에 점재하는 잉카의 신전도시와 신전의 유형은 다음과 같다.

쿠스코 시 남방을 대표하는 것이 락치의 비라코차 신전이다. 이 신전은 티티카카 호 방면에서 태양, 달, 별 등을 만들어냈다는 신화 속 천지 창조주 비라코차의 이름을 칭호로 사용한 제8대 비라코차 황제가 건설했다고 알려져 있다. 유적의 위치를 적은 크로니스타 중 한 명의 기록에 따르면 잉카 시대에는 쿠스코 태양신전의 뒤를 잇는 제3의 신탁소 또는 우아카(성소)로서 '빌카노타의 신전'이라 불리기도 했다고 한다(두 번째는 와나카우리 언덕. 2장 참조).

각지에서 수많은 참배자들이 찾아왔을 종교의 중심지 비라코차 신전이 위치한 도시 안에는 숙박동으로 보이는 원형 건물이 여럿 늘어서 있다.

잉카 이전부터 종교적 대신전이었던 것은 수도 리마 시 남쪽 대왕족이 지배하던 파차카막Pachacamac의 신전이다. 우주의 창조주를 신으로 모셔 여러 지방에서 순례자들이 모여들었을 이 신전과 도시를 정복한 잉카는 그것들을 파괴하지 않고 가장 높은 곳에 태양신전을, 북서쪽에 달의 신전과 아크야우아시 등을 지었다.

페루 중앙부 아야쿠초 주 남쪽에 빌카스와만Vilcashuaman이라는 대신전도시가 있다. 빌카스와만을 에워싼 일대는 잉카의 정복에 끊임없이 저항한 많은 강호 부족이 거점으로 삼고 있던 곳이기도 하다. 따라서 이 지방 전체를 원활하게 통치하기 위해 잉카의 강대함을 보여줄 필요성이 있었을 것이다. 태양신전, 궁전, 신관의 저택, 아크야우아시 등이 줄지어 있던 이 도시는 고지 쪽 도시 가운데서는 북방 우아누코 주에 있는 우아누코 팜파Huanuco Pampa의 대신전도시 다음가는 규모를 자랑한다.

우아누코 팜파의 대신전도시는 종교와 유통의 중심지로서, 각 지방에서 참배와 교역을 위해 찾아온 많은 사람들로 북적거렸다. 거대 제단 우스누를 둘러싸고 황제와 황족의 궁전, 신관의 저택, 아크야우아시 외에도 장방형 저수지, 큰 규모의 시가지 구획 등이 정비되어 있었다. 멀리 언덕에는 4단으로 배치된 수백 동이나 되는 식량고 콜카가 남아 있다.

지금의 에콰도르 남부에 자리 잡고 있던 카냐리라는 대호족을 지배하에 둔 잉카는 이 땅에 북방 지배의 축이 될 잉가피르카Ingapirca라는 신전도시를 건설하고, 현관을 비롯해 곳곳이 금은으로 치장된 왕궁, 마찬가지로 금은을 둘러 장식한 태양신전 등을 축조했다.

비라코차 신전

락치(해발 약 3,460m)에 있는 비라코차 신전은 석축 위에 아도베(햇볕에 말린 벽돌)를 쌓아올려 높이 15m 이상의 벽을 만들었다. 그것과 평행하게 열을 맞춘 동그란 초석 위에는 어떤 기둥이 세워져 있었을까.

여러 지방에서 모인 참배자들이 머물렀을 것이라 추측되는 원형 건물이 계속해서 늘어서 있다(좌). 이 비라코차 신전은 북쪽의 쿠스코 방면, 남쪽의 티티카카 호 방면으로 통하는 카팍냔과 연결되어 있다(우).

◎신전

사막 속의 파차카막

사막 속의 파차카막 신전도시. 잉카는 신전도시 안의 주변보다 높은 언덕에 태양 신전을, 지금의 숲 근처에 아크야우아시를 세웠다(상). 모래 언덕 위의 성이었던 태양신전(좌하). 아도베로 이루어진 아크야우아시의 토대 대부분은 잉카 양식으로 쌓여져 있다(우하).

◎신전

중부에서 북방의 고지

아야쿠초 주 빌카스와만(해발 약 3,150m)의 제단 우스누. 별도의 구획에 태양신전, 황제의 궁전, 귀족과 신관의 저택 등이 줄지어 있었다(상). 3만 명 이상이 신에게 봉사했다는 북방(고지 쪽)의 대신전도시 우아누코 팜파(해발 약 3,700m)의 제단 우스누(좌하). 잉카가 구축한 대신전도시 중 가장 북쪽에 있는 에콰도르 잉가피르카(해발 약 3,160m)의 태양신전(우하).

3) 바위와 호수와 신전

파차쿠티 시대의 잉카가 가장 두려워한 대호족 창카가 거점으로 삼고 있던 아푸리막 주(주도 아방카이)의 안다우아일라스 지방에는 잉카가 건설한 손도르Sondor 신전이 있다.

이 신전은 지금까지 소개했던 잉카의 신전과는 조금 달리 언덕 최상부에 세운 무유무유라는 기단 내에 큰 바위를 모셔 놓았다. 이런 신전이 있는가 하면 신화와 전설에 반드시 등장하여 호수 그 자체가 신성시되던 티티카카 호의 볼리비아령에 위치한 태양의 섬에는 잉카가 쌓은 돌계단이 능선까지 이어져 있다. 그 밖에 신전으로 추측되는 건축물도 몇 개 있는 것을 보면 이 섬 자체가 티티카카 호와 마찬가지로 신전으로 숭상 받던 것인지도 모른다. 이웃한 달의 섬에는 달의 신전이라 불리는 건축물이 남아 있다.

아야쿠초 주 빌카스와만 근처의 계단식 고원에 작은 호수 푸마코차(퓨마의 호수)와 함께 건설된 신전도시가 있었다. 이곳의 호수는 잉카의 성수聖獸이기도 한 퓨마의 형태에 가깝게 개조한 것이라 전해진다. 산기슭에는 잉카 양식의 건물과 석축이 설치된 긴 통로가 이어지고, 그 앞으로 빈틈없이 가공한 돌을 쌓아 만든 태양신전과 신관의 저택이 서 있었다. 신전에서 내려오는 돌길은 호수 속까지 뻗어 있었다고 한다.

손도르의 신전

손도르의 신전 구획에는 여러 층의 석축으로 둘러싸인 언덕 최상부의 기단 무유무유를 향해 긴 돌계단이 이어져 있다.

언덕 높은 곳 무유무유 기단에 모셔진 큰 바위(좌). 기단을 향해 가지런히 놓인 돌계단(우).

◎신전
티티카카 호수

호수 그 자체가 신성시되던 티티카카 호에 떠 있는 태양의 섬. 호숫가에서 능선까지 넓은 돌계단이 깔려 있고, 신전으로 보이는 건축물도 남아 있다(좌상, 우상). 달의 섬에 있는 달의 신전(하).

해발 약 3,000m 고원에 퓨마 모양으로 만들었다는 푸마코차(퓨마의 호수)(상). 호수가 위치한 고원의 산 쪽 사면에 지어진 잉카 양식 건축물(좌하)과 신전으로 통하는 약 200m 길이의 석축과 통로(우하).

4) 신격화된 여러 가지 상

잉카가 정복한 페루 중앙에서 북쪽에 걸친 해안과 고지 지역에서는 고대로부터 여러 문명이 성쇠를 반복하며 많은 신전을 건축해왔다. 한편 남쪽 고지 티티카카 호 방면에는 기원전 탄생하여 4~9세기 동안 전성기를 누린 티아우아나코 문명의 대신전이 남아 있다. 그보다 더 남쪽으로 내려가 아마존 인근에는 고대부터 잉카 시대까지 전해 내려왔다는 푸에르테(요새) 사마이파타라 불리는 거암巨岩 대신전이 있다.

이들 신전 안쪽의 벽과 돌에는 여러 가지 신격화된 상이 조각되어 있다. 그것들은 반인반수, 짐승류와 조류, 인간, 혹은 바위 그 자체로 다양했다.

페루 북부 모체 문화의 신전 벽화에 묘사된 신상神像(좌). 우아카 데 라 루나(달의 신전). 우아카 데 브루호(주술사의 신전)의 반인반수상은 오른손에 무기, 왼손에 머리를 들고 있다(우).

북방 고지의 신전과 삼림 지대의 신전

앙카시 주 차빈 데 우완타르 신전(기원전 8~기원전 1세기 무렵) 지하에 모셔진 엄니를 드러낸 재규어 모양 신상神像(좌상). 카하마르카 주 쿤투르와시 신전(기원전 11~기원전 1세기 무렵) 광장에 서 있는 반인반수를 연상시키는 석조 조각(우상). 페루 동북부 차차포야스족이 삼림 지대에 지은 그란 파하텐(기원전~14세기 말 무렵) 궁전 벽에 묘사된 콘도르상(하).

◎신전

티아우아나코와 사마이파타

티아우아나코 신전. 양손에 제구祭具를 든 인간인 듯한 석상(좌). 천계의 신이라고도 알려진 중앙의 지팡이를 든 상 주위로 날개 달린 조인鳥人들이 부조되어 있는 태양의 문(우).

볼리비아 동남부 산타크루스 주 고지 쪽에 자리한 길이 약 240m에 달하는 푸에르테 사마이파타(해발 약 1,950m)의 거암. 푸에르테(요새)라는 이름이 붙어 있지만, 대형 고양잇과 동물과 뱀 등이 조각되어 있으며 거암 전체가 신전을 이루는 고대 유적(좌). 훗날 잉카가 손에 넣고 나서 의례용으로 사용한 것인지 커다란 벽감이 많이 설치되어 있다(우).

2. 의례와 신탁이 이루어지던 성소

잉카는 성소와 성스러운 것들을 총칭하여 우아카라 부르며 숭상했다.

우아카는 건축된 신전 외에도 자연의 위대한 존재이기도 한 아푸라는 신이 깃든 커다란 산과 고개, 호수, 아우키라는 수호령이 깃든 고개와 고지, 파차마마라는 대지의 어머니가 깃든 산야와 들판에 쌓은 제단, 인간과 동물의 형상을 닮은 특이한 바위와 나무, 비를 부른다고 믿은 작은 동물 등 대상을 확실히 구분할 수 없을 만큼 가지각색이었다.

그처럼 강한 우아카 신앙이 영향을 준 것이리라. 잉카는 각 지방에 신전 건축물뿐만 아니라 전설로 내려오는 바위산을 비롯해 신이 깃들었다고 믿은 신성한 장소들에 의례와 신탁을 위한 시설을 마련한다. 그렇게 해서 인간의 손길이 닿은 곳은 물론 야산의 봉우리와 고개, 호수 등의 우아카에는 산 제물을 바쳤다. 또한 금, 은, 돌 등으로 만든 사람과 다양한 생물 모양을 한 이야라는 작은 조각상도 공물이 되었다.

그러한 자연물 우아카에는 후아니타라 이름 붙여진 소녀 미라가 발견된 페루 남부의 암파토 산(해발 약 5,976m) 등도 포함된다. 크로니스타 중 한 명은 다음에 소개할 와나카우리 언덕에서 특정한 날에 남녀가 제물로 바쳐졌다고 기록하고 있다. 산 제물로는 가축인 야마가 많이 사용되었지만 때로는 인간인 경우도 있었던 것이다.

어디부터 어디까지가 주술이나 기도이고, 어디부터 어디까지가 의례와 신탁이었는지는 아직 완벽히 파악하기 어렵지만, 그러한 일들이 벌어졌을 장소에는 불가사의한 형태로 조각된 돌들이 많이 남아 있다.

또한 구체적으로 어떠한 기원과 기도를 올렸는지도 명확하지 않으나, 의례와 신탁을 행하는 목적은 신들에 대한 충성을 맹세하는 것을 시작으로, 작물의 풍작과 안전하고 평온한 일상을 바라며 가뭄과 폭우, 서리와 눈, 지진 등의 천재지변이나 역병으로부터 지켜주기를 신에게 비는 것이 아니었을까 한다. 그 밖에 제국으로서 전쟁에 승리하거나 발전된 밝은 미래를 맞는 것 또는 난치병을 얻은 황족들의 회복 등도 포함되어 있었을 것이다.

1장에서 지방에 따라 형태와 의미를 조금씩 변화시켰다고 이야기한 신전과 마찬가지로, 의례와 신탁의 장場도 저마다 변화하여 서로 다른 특징을 가지고 있었다. 이 장에서는 그것들의 유형을 소개하고자 한다.

1) 잉카의 시조전설과 관련된 탐보 토코와 와나카우리

1장의 첫머리에서 언급한 아야르 형제자매의 전설에서, 그들이 쿠스코로 향하기 전에 머물렀다고 전해지는 것이 파카리탐보라는 바위산에 있는 탐보 토코(구멍의 집) 동굴이다. 그렇게 불리는 바위산은 쿠스코 시 남쪽에 지금도 현존하고 있다.

아야르 망코 일행은 형제 중 한 명인 와나카우리가 포악하게 굴자 꾀를 내어 탐보 토코에 가두고 옥수수를 재배할 수 있는 비옥한 땅을 찾아 출발했는데, 여행 끝에 마침내 다다른 곳이 바로 쿠스코였다.

그런데 여정 도중 날개를 달고 하늘에서 나타난 와나카우리가 형제자매들을 향해, 조금 더 나아가면 보이는 언덕에 자신을 수호신으로 모시고 제단을 세워 산 제물을 바치라 명령한 다음 그 언덕에서 돌로 변했다고 한다.

쿠스코가 내려다보이는 그 언덕은 이윽고 와나카우리라 불리는 대성소 우아카가 된다. 잉카 시대에는 앞서 언급한 것처럼 이 와나카우리 언덕에 남녀의 산 제물이 바쳐졌을 것이다. 이처럼 전설에 등장하는 바위와 언덕에서 잉카 사람들은 과연 어떠한 의례를 행했을까.

시조전설의 바위산

전설에 따르면 탐보 토코의 세 창문(구멍)에서 아야르 형제자매가 천지 창조주 비라코차의 인도를 받아 밖으로 나왔다고 한다(좌). 나무나 금속, 점토 등으로 만든 상을 놓고 의례를 치렀던 것인지 주변의 바위산 도처에 여러 가지 조각이 새겨져 있다(우).

쿠스코의 태양신전에 버금가는 우아카(성소)였다는 와나카우리 언덕. 잉카 시대에는 이곳에서 산 제물을 바치는 의례나 기도가 행해졌다고 한다(좌). 성스러운 우아카 땅에 봉헌된 이야라는 작은 황금 야마 조각상(우).

2) 대의례 시설이었던 사이위테

쿠스코 주와 이웃한 아푸리막 주 사이위테Saywite(해발 약 3,500m)에는 사람과 원숭이, 살쾡이로 보이는 동물과 계단식 밭, 수로 등이 복잡하게 조각된 커다란 바위가 있다.

이 석조 조각이 너무 유명한 나머지 주위에 펼쳐진 유적으로 향하는 눈길을 빼앗기기 십상이다. 사이위테 상부 일대는 아마도 잉카가 구축한 물과 날씨 관련 대의례 시설이었을 가능성이 높다. 석조 조각이 있는 돈대(평지보다 높게 두드러진 평평한 땅-역자 주) 자체가 네모반듯한 기단으로서 만들어졌으며, 가까이에는 신관의 집으로 추측되는 저택도 남아 있다.

그 기단이 설치된 언덕이 다른 곳에서 운반해온 물을 흘려보내는 의례대였던 모양으로, 넓은 계단처럼 쌓아 놓은 돌의 중앙부를 정교하게 파내 물길을 내어놓았다.

또한 이 의례대 아래쪽에 있는 들판에서 여러 가지 의례와 기원과 행사를 실시했을 것으로 보인다. 저마다 어떤 의미를 담고 있는지 이해할 수 없는 불가사의한 석조 조각들이 늘어서 있다. 더 밑으로 내려가면 황족과 신관들이 기도를 올렸을 것으로 추정되는 제단 우스누가 마련되어 있다.

◎의례 · 신탁의 성소

사이위테의 대형 석조 조각

사람과 동물과 밭, 수로 등이 조각되어 있는 사이위테의 석조 조각(높이 약 1.5m)을 둘러싸고 농경과 기상에 관한 엄숙한 의례가 치러졌을 것이다(상, 좌하). 유적 관리인은 주위 가장자리에 뚫린 작은 구멍을 이용하여 황금판을 둘러놓았었다고 설명해주었다(우하).

물과 관련된 의례대였던 언덕

언덕 상부의 사각형 기단 위에 석조 조각과 신관의 집으로 보이는 건물이 남아 있다(상). 언덕 사면의 층계형 석단 중앙에 낸 좁은 물길을 사용하여 물과 관련된 의례를 행했을 것이다(하).

제단 우스누와 기암 광장

이해할 수 없는 모양을 한 돌이 무수히 놓여 있는 들판에 가로세로 약 20m 이상 되는 제단 우스누가 있다. 이 제단을 둘러싸고 많은 사람들이 모여 의례와 제사를 지냈을 것으로 추측된다.

들판에 놓여 있는 무수히 많은 석조 조각(좌). 인티와타나(해시계, 예배석)로 알려진 돌(우)을 이용해 태양의 움직임을 관측하면서 의례를 진행했을 것이다. 마추픽추 등 다른 신전 유적에도 인티와타나라 불리는 돌이 있다.

◎의례 · 신탁의 성소
제단 우스누와 기암 광장

어째서인지 둘로 갈라져 있지만 좌대나 계단 같은 것이 조각된 의례용으로 보이는 큰 돌(상). 옆면에는 물 혹은 산 제물의 피가 흘렀을 홈이 파여 있다(하).

3) 주술과 신탁을 주관하는 거대한 종교 시설

삭사이와만과 같은 고원에 친카나와 켄코라는 구획이 있다. 친카나는 종교적 요소가 강한 원형과 반원형 돌담이 많은 것으로 보아, 주술을 비롯한 의례를 중심으로 한 종교 시설이 아니었나 싶다.

좌대와 계단이 조각된 돌 외에 제작 의도를 알 수 없는 거꾸로 된 계단이 새겨진 바위 등도 존재한다. 친카나란 동굴을 뜻하는데, 내부에 석조 좌대까지 준비된 동굴이 무수히 많이 있다. 이 부근에서 쿠스코의 태양신전까지 지하 통로가 연결되어 있었다는 말도 전해진다.

켄코에는 앞 장에서 소개한 손도르와 마찬가지로 기단 가운데에 성석이 모셔져 있다. 그 성석 옆의 거암 상부에 홈이 많이 파여 있는 것을 보면, 여기에서도 물이나 산 제물의 피를 흘려보내는 의례가 치러졌을 가능성이 높다.

빙설로 덮인 산과 협곡이 늘어선 쿠스코 시 북쪽 빌카밤바 산중 깊은 곳의 성곽도시 비트코스Vitcos(에스파냐인이 로사스파타Rosaspata라고 이름 붙였다. 3장 참조) 안쪽에는 잉카가 제국의 명운을 점치던 신탁소였다는 비라코차 팜파Viracochapampa가 있다.

친카나와 켄코

금속상이나 점토상 혹은 미라를 안치하고 의례를 진행했던 것인지, 친카나 구역에서는 좌대 모양으로 조각된 바위를 흔히 찾아볼 수 있다.

크고 작은 반원형과 원형 돌담이 많은 친카나 구역(좌). 줄지어 늘어선 바위 아래 곳곳에 방과 좌대가 마련되어 있다(우).

친카나와 켄코

무엇을 위해서인지 높이 약 3m짜리 바위에 조각되어 있는 친카나의 거꾸로 된 계단(상). 기단 가운데에 커다란 성석이 모셔져 있는 켄코의 유적. 옆의 거암 상부에는 무수히 많은 조각이 새겨져 있다(하).

비라코차 팜파

비라코차 팜파에 놓인 유락 루미(하얀 바위)라 불리는 거석의 앞면. 평평하게 다듬어진 이 노대 위에서 어떤 기도와 제사를 드렸을까.

작은 계단 등 무슨 의도인지 알 수 없는 조각이 새겨진 유락 루미의 뒷면(좌). 위로 무엇이 흘렀는지 500년이 지난 지금도 하얗게 변색된 채 남아 있는 유락 루미의 상부(우).

비라코차 팜파

신탁소로 알려진 비라코차 팜파의 일부는 황족 여성들의 출산과 관련된 의례의 장이기도 했던 것일까. 기묘한 석조 시설에 임산부들이 줄을 서서 신관에게 기도를 받았다고 유적 관리인이 설명해주었다(상). 갓난아기를 씻기는 데 사용했다는 돌로 된 수조(좌하). 신성한 힘의 상징으로 숭상 받은 반구형 돌(우하).

3. 깊은 산골짜기에 세워진 성곽도시

최고봉 살칸타이 산(해발 약 6,271m)과 푸마시요 산(해발 약 6,070m)을 시작으로 높은 산이 집중되어 있는 곳이 빌카밤바 산군이다.

한랭 건조 지대이기도 한 고지 쿠스코에 제국의 수도를 건설한 잉카는 높은 산에 둘러싸여 있으면서도 온난 습윤한 기후가 나타나며 운무림 무성한 협곡이 뒤엉킨 이 빌카밤바 산중에 마추픽추, 비트코스, 에스피리투 팜파Espíritu Pampa(구 빌카밤바 Vilcabamba), 초케키라오Choquequirao(황금 요람) 등 네 개의 '숨겨진 성'이라 할 수 있는 도시를 구축했다.

빌카밤바 지방은 1533년 쿠스코에 입성한 에스파냐인 정복자 프란시스코 피사로가 통치를 위해 괴뢰 황제로 삼은 잉카 직계의 망코 잉카Manco Inca가 후일 쿠스코를 탈출하여 도망쳐 들어간 지역이기도 하다. 1544년 그 망코 잉카가 죽은 다음에는 사이리 투팍Sayri Túpac(즉위 후 병사), 티투 쿠시Titu Cusi, 투팍 아마루Túpac Amaru가 뒤를 이었다.

잉카의 존속을 바란 최후의 황제였던 그들은 그 도시들을 거점으로 에스파냐인 정복자와 에스파냐 정부군에게 저항과 반란을 계속했지만, 비트코스를 제외한 다른 도시의 존재를 침입해 온 수도사를 비롯한 에스파냐인에게 결코 들키지 않았다.

앞 장에서 언급한 비라코차 팜파와 가까운 비트코스는 V자 협곡의 빌카밤바 강 가장 깊숙한 곳에 위치해 있다. 여기에서 영혼의 들판이라는 뜻을 가진 에스피리투 팜파로 가기 위해서는 도보로 고개와 골짜기를 넘어 3, 4일은 가야 한다. 또한 초케키라오까지는 더욱 고도가 높은 고개와 크고 깊은 골짜기를 넘을 필요가 있으며 역시 3, 4일이 걸린다.

에스피리투 팜파는 1572년 에스파냐인 잉카 토벌군의 침입을 받고 나서, 초케키라오는 19세기 말경부터, 마추픽추는 1911년 하이럼 빙엄의 발견 이후로 많은 사람들에게 알려지게 되었다. 그토록 비밀로 하고 끝까지 지켜내려던 거대한 성곽도시를 잉카가 왜 험준한 산속에 건설한 것인지 그 수수께끼가 무척이나 궁금하다.

이유를 추측하자면 자연 지형 그 자체가 요새로서 지켜주고, 산등성이와 사면을 덮는 운무림이 맑은 물과 살기 좋은 적당한 습기를 가져다주기 때문이라고 할 수 있을 것이다. 혹은 이 지방의 산, 골짜기, 숲이 가진 고요하고 깊은 정취 속에 잉카가 추구하는 자연의 신들이 깃들어 있을 것이라 확신했기 때문인지도 모른다.

1) 하늘의 성전 마추픽추

성곽도시 마추픽추는 마추픽추(늙은 봉우리)와 와이나픽추(젊은 봉우리)라는 두 봉우리 사이에 위치한 해발 약 이천수백 m의 바위산을 깎아 만들어졌다.

현지 문화부 연구자들에 따르면 상주인구 400~500명이었다는 마추픽추는 제9대 황제 파차쿠티의 명으로 건설되었다고 한다. 어쩌면 파차쿠티는 자신이 잠들 무덤으로서 성전聖殿을 건축하고, 그곳에 사후에도 생전과 다름없이 자신에게 봉사할 많은 종자들을 살게 한 것인지도 모른다.

이 성이 많은 사람들에게 하늘의 도시라고 불리는 이유는 그 호칭이 어울리는 위치에 지어졌기 때문이기도 할 것이다. 마추픽추 앞에 늘어선 암봉군岩峰群을 배경으로 아침 햇살이 비스듬히 비쳐 들어와 골짜기의 깊이를 그림자로 새긴다. 산기슭에서 피어오르는 안개가 햇볕 아래 흔들리는 가운데 와이나픽추가 희미하게 모습을 드러낸다.

그 시간대 하늘 세계와 마추픽추는 마치 자연이 연출하기라도 한 듯 하나가 된다. 이러한 아침의 드라마가 탄생하는 지형을 잉카는 마추픽추를 둘러싼 공간에서 찾은 것이 아닐까.

안개가 피어오르는 마추픽추

아침 8시 무렵 피어오르는 안개 사이로 차츰 모습을 드러내는 와이나픽추. 마추픽추가 하늘에 떠오르는 시간대이기도 하다(좌). 하늘에서 내려다본 마추픽추. 왼쪽 아래가 궁전과 큰 탑이 있는 중심부이다. 그 왼쪽 위로 주 신전과 세 창문의 신전, 더욱 위쪽 돈대에 인티와타나가 있다. 오른쪽은 기술자들의 주거지라고 전해진다(우).

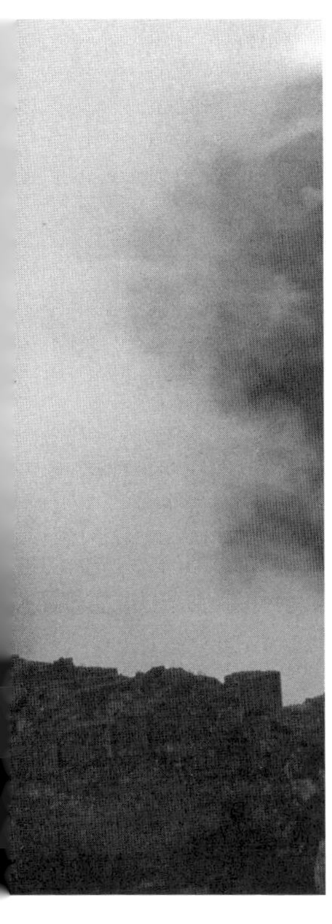

신전과 성석

주 신전. 정면에 신관의 저택, 뒤쪽에 여성 신관의 저택이 있는 것으로 보아, 남녀 신관이 아침저녁으로 이 신전에서 기도를 올린 듯하다.

탐보 토코의 세 창문(구멍)과 관련이 있다는 세 창문의 신전(좌)은 주 신전과 같은 돈대 광장에 위치한다. 태양신전, 천체관측소라고도 불리는 큰 탑(우). 반원형 건물에 난 창문으로 들어오는 햇빛의 변화를 관측했다.

신전과 성석

와이나픽추 뒤편 동굴에 지어진 달의 신전(상). 해시계 또는 태양에 기원하는 예배석으로 알려진 인티와타나(좌하). 잉카는 서로 다른 두 개의 대상이 '짝'을 이루는 야난틴이라는 관계를 좋아했다. 뒤로 보이는 날카로운 야난틴 봉우리와 유적 안의 이 성석이 야난틴 관계에 있다고도 한다(우하).

2) 반란의 거점 비트코스와 최후의 수도 에스피리투 팜파

에스파냐인이 로사스파타라고 이름 붙인 성곽도시 비트코스는 잉카의 존속을 바라며 정복자 에스파냐인에 대한 반란과 저항을 계속하던 최후의 황제들 망코 잉카, 티투 쿠시 등이 거점으로 삼은 곳이다.

망코 잉카는 비트코스에 머무르던 반反 프란시스코 피사로파 에스파냐인에게 이 땅에서 살해당한다. 그 뒤를 이은 티투 쿠시(망코 잉카의 서자) 시대, 비트코스의 언덕 아랫마을에 교회를 지은 에스파냐인 수도사들이 불태워 파괴했다는 신전도 이 도시 안에 있었을 것이다.

현재 페루 문화부가 유적 전체를 개수 복원하고 있지만, 필자가 처음 방문했던 1990년대까지만 해도 그저 풀이 무성한 폐허일 뿐이었다.

티투 쿠시가 병으로 죽은 뒤 망코 잉카의 막내아들 투팍 아마루가 젊은 나이에 최후의 황제로 즉위하여, 에스파냐인에 대한 저항 세력을 규합하고 농성한 곳이 해발 약 1,300m에 위치한 에스피리투 팜파이다. 그러나 그는 황제 즉위 1년 후 침입해온 에스파냐의 토벌군에 붙잡혀 쿠스코로 끌려가 처형당했다.

1990년대 말의 에스피리투 팜파는 울창한 숲 속에 잠든 채였지만, 2000년대 중반에는 정비와 개수가 진행되어 도시의 전체 모습이 드러나고 있었다. 이 들판 일대는 무수히 많은 새가 서식하고 있어 과거에는 팜파 파하로(새의 들판)라고 부르기도 했다. 2010년의 조사로 도시 내에서, 아야쿠초 주를 중심으로 번성했던 와리 문명(5~10세기경)의 고분이 발견되었고, 그 안에서 해안 나스카 문명(2~7세기) 양식의 토기가 나왔다. 그뿐만 아니라 동시대에 제작된 은제 흉갑과 가면, 도끼, 금제 완갑 등도 출토되었다.

이를 통해 미루어볼 때 잉카 이전 시대 에스피리투 팜파에는 그들 문명과 교류가 있던 부족(창카족이라고 보는 현지 연구가도 있다)이 거주하고 있었다는 말이 된다. 그 부족이 잉카의 성장기까지 살아남았고, 결국에는 잉카와 결합하여 함께 도시를 건설한 것일까. 아니면 잉카가 그들 부족을 정복해서 지배하고 새로 독자적인 도시를 건설한 것일까. 이 도시는 건설 초기부터 안개가 낀 듯 자욱한 수수께끼 속에 잠겨 있다.

◎성곽도시

반란과 저항의 거점 로사스파타

다른 잉카 유적에서는 볼 수 없는 문 같은 것이 무수히 늘어선 구조의 성곽도시 비트코스. 이 안쪽으로 황제의 궁전, 귀족과 신관의 저택, 태양신전이 나란히 있었다.

신전도시 내 일부. 왼쪽 저편의 산으로 둘러싸인 들판에 비라코차 팜파가 위치한다. 오른쪽 골짜기 깊숙한 곳에서 오른쪽 방향에 에스피리투 팜파로 향하는 길이, 왼쪽 방향에 마추픽추와 초케키라오로 향하는 길이 이어져 있다.

최후의 수도 에스피리투 팜파

유적 대부분이 숲 속에 묻혀 있던 1990년대 말의 에스피리투 팜파(상). 2000년대 중반의 에스피리투 팜파(하). 거대한 도시의 전모가 서서히 드러나고 있었다.

와리와 나스카 문명

에스피리투 팜파의 와리 문명 고분에서 출토된, 나스카 문명 양식의 무늬가 그려진 토기(하). 같은 와리 문명 고분에서 출토된 은제 흉갑, 가면, 도끼, 금제 완갑 등을 두른 인형(상). 모두 문화부 쿠스코 소장.

3) 난공불락의 초케키라오

해발 약 1,800m 골짜기 바닥을 흐르는 아푸리막 강을 내려다보는 해발 약 3,000m 능선에 위치한 성곽도시 초케키라오가 지금까지 소개했던 빌카밤바 산중의 여타 성곽도시와 다른 점을 들자면 다음과 같다.

첫 번째는 성 주위를 둘러싼 안데네스(계단식 밭)가 고도차 1,000m 가까운 규모로 조성되어 있다는 점이다. 그중에는 하얀 돌을 이용하여 밭 아래 석축에 야마의 형상을 박아 넣은 것도 있는데, 이것은 잉카가 정복한 뒤 강제 이주당한 페루 북부의 호족 차차포야스족의 기술이라고 한다.

다른 하나는 잉카의 건축물 중에는 거의 찾아보기 힘든 2층 구조의 건물 몇 채와 수많은 벽감이 늘어선 창고로 보이는 회랑형 건물이 지어져 있었다는 점이다. 어쩌면 망코 잉카를 비롯한 잉카 말기의 황제들이 자신들의 존망에 위기감을 느끼고, 지형적으로 난공불락인 초케키라오를 자급자족 가능한 성으로 개조하고 있던 것인지도 모른다. 만약 그렇다면 급사면지까지 안데네스를 확장하면서 늘어난 수확물을 증축한 건물에 보존하고, 쿠스코 방면에서 모아온 재보와 조각상 등은 벽감이 마련된 건물로 들여놓았을 것이다.

'황금 요람' 초케키라오

초케키라오의 도시 중심부에 늘어선 저택과 그 주변에 나란히 뻗은 안데네스. 그 밖의 유적이 위치한 능선 뒤편에 있는 고저차 1,000m의 사면지, 그리고 정면 아래쪽으로 펼쳐진 급사면지에도 거대한 안데네스를 조성해놓았다.

너비가 약 2.5m 정도 되는 좁고 긴 회랑형 건물 안에 무수히 많은 벽감이 설치된 벽이 서로 마주보고 있다. 귀중한 재보와 소중한 조각상을 보관하던 창고였는지도 모른다(좌). 역시 아래위로 벽감이 설치된 2층 구조의 건물(우).

4. 경이롭고 신비한 바위

1장에서 3장까지 오는 가운데, 잉카가 얼마나 많은 지혜를 짜내 돌을 이용해왔는지 소개하였다. 그것은 이 책 2부의 내용 전반에 거의 공통되는 주제로서, 이른바 잉카는 돌을 자유자재로 사용한 '돌의 제국'이자 '석조 문화'를 낳은 나라라 해도 과언이 아니다.

그러한 잉카가 남긴 돌의 취급법과 축조법, 정교하고 정밀한 가공법을 들여다보면 크기에 상관없이 날림의 흔적이나 헐거운 빈틈이 거의 보이지 않는다. 에스파냐인이 잉카의 건축물을 파괴하고 교회 등의 토대에 쌓은 돌은 그저 한낱 무기물로밖에 보이지 않지만, 잉카인이 짜 맞춘 돌은 저마다 생명을 가지고 호흡하는 것처럼 느껴질 정도다.

면도날조차 들어가지 않을 만큼의 짜임새는 아주 작은 빈틈 하나라도 허용하지 않겠다는 자세에서 비롯된 것임에 틀림없다. 그렇게까지 돌을 다루는 데 완벽을 추구한 자세에 잉카의 자연관이 담겨 있다고 할 수 있다. 어쩌면 그들은 가능한 한 흔들림 없는 건축물을 세움으로써 신의 은총을 구하는 한편, 언제 맹위를 떨치며 덮쳐올지 알 수 없는 자연에 대한 숭상과 경외를 나타내려 한 것인지도 모른다.

1) 거석과 채석장

삭사이와만 하나만 예로 들어도 몇백 톤이나 되는 거석의 형태를 다듬고, 주위에 짜 맞출 돌을 깎고, 몇 번이고 다시 연마해가며 붙였다 뗐다를 반복했을 것이다. 그러한 작업 때마다 커다란 돌을 움직이거나 가공하기 위해 어떤 도구를 사용하였으며, 노동에 얼마만큼의 사람이 참여했던 것일까.

쿠스코 시내의 건물 벽에 맞물려 있는 다각형 돌도 경이롭기는 마찬가지다. 과연 이렇게까지 많은 각을 만들 필요가 있었을까 싶을 정도라 눈이 휘둥그레질 따름이다. 불가사의한 모양이지만 이런 식으로 가공한 돌을 사용함으로써 지진 등이 발생할 때 상하와 좌우, 대각선으로 걸리는 힘을 흡수하거나 분산시켜 벽의 붕괴를 막고자 했던 것이 틀림없다.

경이로움은 여기서 끝이 아니다. 어느 현장이든 석재의 태반은 다른 곳에서 운반해온 것이었다. 오얀타이탐보의 태양신전에는 삭사이와만 정도는 아니라 해도 역시 거석이 사용되었다. 채석장에서 캐낸 그것들을 가지고 사면을 내려와 강을 건너기 위해 얼마나 되는 인원으로 어떤 방법을 사용하였을까. 잉카의 석조 기술은 아무리 상상을 부풀려봐도 이미지조차 떠오르지 않을 정도이다.

거석을 자유자재로 사용한 삭사이와만

제일 먼저 몇백 톤이나 되는 거석을 깎고 그것에 맞춰 옆에 짜 맞출 돌의 형태를 가공했을 삭사이와만의 석축. 인물 앞에 있는 돌(상)과 아래의 돌은 같은 것이다.

◎경이롭고 신비한 바위

오얀타이탐보의 신전

오얀타이탐보의 태양신전. 폭 1~1.5m의 거석 사이에 가늘고 긴 돌이 약간의 빈틈도 없이 끼워 맞춰져 있다(상, 좌하). 돌을 연마하는 데 사용한 히와야라는 경석硬石 중 작은 것(마추픽추 박물관 소장)(우하). 실제 이러한 경석만으로 모든 석재를 가공했을 것이라고는 생각하기 어렵다.

벽 전체를 떠받치는 다각형 돌

쿠스코 시내 길가의 벽에서 찾을 수 있는 12각형 돌(상). 다각형 돌에 맞춰 다른 돌을 접합시킨 것으로 보인다.

고지의 채석장

오얀타이탐보(앞쪽의 골짜기 중앙부)에서 사용할 돌을 채굴하던 채석장에 남겨진, 건축용으로 선별된 석재. 여기서 사면을 내려가 빌카노타 강을 건넜다(상). 거석은 지그재그로 만든 비탈길을 따라 밀어 아래쪽으로 이동시킨 듯하다(하).

◎경이롭고 신비한 바위

방치된 거석

망코 잉카는 빌카밤바 지방으로 도망치기 전, 오얀타이탐보를 견고한 요새로 개조하려 하였다. 그 시기, 채석장에서 옮겨지던 도중 방치되었다는 돌을 현지에서는 '지친 바위'라고 부른다(상). 사용되지 못한 석재가 잔뜩 널려 있는 오얀타이탐보의 신전 앞(하).

2) 티티카카 호반의 특이한 건축물과 거석

이 장 첫머리에서 잉카가 작업한 석조물은 날림의 흔적이나 헐거운 빈틈이 거의 없다고 이야기했다. 하지만 푸노 주 티티카카 호 연안에서 본 두 유적은 그러한 이미지만 가지고는 설명하기 힘들다. 가공 방법은 잉카 양식이지만 건설에 대한 착안과 발상에 쿠스코 방면과는 다른 기발함이 배어 있었기 때문이다.

그중 하나가 바위산의 위장 요새 잉카아냐타나이다. 아래쪽에서 올려다볼 때는 거대 요새로 보였으나, 막상 올라가보니 단층에 석축을 쌓아놓은 것뿐이었다. 크로니스타에 따르면 이 지방의 카리라는 수장은 잉카 시대가 되고 나서도 호수 안의 섬들로 끊임없이 침입했다고 한다. 이를 통해 적대 부족이 호수 방면에서의 습격에 대비하여 이러한 건축물을 세운 것은 아닐까 추측할 수 있다.

다른 하나는 티티카카 호를 면한 들판의 바위산에 현대풍 디자인으로 조각된 대관람석 잉카카마냐이다. 역시 이 지방의 수장이던 카리가 자신이 즐기기 위해, 혹은 쿠스코에서 온 황제를 환영하기 위해, 이곳에서 노래와 춤과 술이 있는 성대한 제전을 벌였을지도 모른다.

◎경이롭고 신비한 바위
위장 요새

아래쪽에서 올려다본 잉카아냐타나. 높이 100m 이상 되는 바위산 중턱에 요새를 연상시키는 건축물이 달라붙어 있다.

돌계단을 올라 상부에 도착해보니 요새로 보였던 것은 단층을 이용해 바위산에 쌓은 석축이 남아 있을 뿐인 위장용 건축물이었다.

◎경이롭고 신비한 바위

현대풍 디자인의 관람석

거대한 바위에 폭 30m 규모로 계단형 좌석이 조각된 현대풍 디자인의 관람석 유적 잉카카마냐. 중앙부는 요인의 자리였을 것으로 생각된다.

노래와 춤의 제전이 열렸을 거암 관람석 앞 들판 너머로 티티카카 호가 펼쳐져 있다.

3) 돌에 새겨진 의미

잉카의 유적을 돌면서 꼭 살펴보고 넘어간 것은 크고 작은 돌에 새겨진 구멍과 문양이었다. 그 흔적들이 저마다 의미를 가지고 있다는 사실을 깨달았기 때문이다.

마추픽추로 통하는 잉카의 길가에 사약마르카Sayacmarca(벼랑의 성채)가 있다. 이 유적 내 황제의 침실로 이어지는 통로의 문이 있어야 할 위치에는 쌍을 이룬 돌이 놓여 있는데, 하나는 구멍이 관통했고 다른 하나는 관통하지 않았다. 문을 달려고 했던 것으로 추측되는 그 돌을 보고 나니 이 성채가 미완성 상태일지도 모른다는 판단이 들었다.

마추픽추 상부에 굴러다니는 커다란 돌을 자세히 들여다보면 어딘가에는 반드시 작은 조각이 새겨져 있다. 현지의 문화부 연구자가 그것은 건축용이라는 표시로, 마추픽추에는 건설 예정이던 건물이 아직 남아 있었다고 설명해주었다.

또 다른 유적에서는 벽과 문, 의례석과 정원에 묻힌 돌 등에 동물의 형상이 새겨진 것을 보았다. 어떤 목적인지 전혀 짐작되지 않는 구멍이 여러 개 파인 거석도 있었다. 그것들이 가진 의미 전부를 이해하기는 어렵지만, 그 하나하나를 바라보고 있자면 잉카 사람들이 돌에 담은 소망이 전해져오는 듯한 기분이 든다.

관통된 돌과 관통되지 않은 돌/건축용 석재의 각인

관통된 돌과 관통되지 않은 돌

사약마르카(벼랑의 성채) 내부의 황제의 침실로 이어지는 통로에, 구멍이 관통한 돌과 관통하지 않은 돌이 쌍을 이루고 있다.

건축용 석재의 각인

마추픽추 상부에 남겨져 있는 건축용 석재 모퉁이에 새겨진 표시. 마추픽추에 개축이나 신축 예정이던 건물이 있었다는 뜻이 된다.

뱀의 문양/살쾡이 오스코요와 석제 무기 마카나

뱀의 문양

뱀이 집을 지켜준다고 믿었던 듯, 잉카가 건축한 궁전의 몇몇 문에는 뱀의 문양이 묘사되어 있다(상). 아야쿠초 주 푸마코차의 태양신전 일부에도 뱀이 묘사되어 있다(중). 페루 북부 차차포야스족은 뱀을 새긴 돌을 대성채의 정문 안쪽 통로 벽에 끼워 넣었다(하).

살쾡이 오스코요와 석제 무기 마카나

파카리탐보 근처 큰 바위에 새겨진 안데스 고지의 살쾡이 오스코요는 예로부터 비를 부른다고 믿어졌다(상). 빌카스와만의 제단 우스누 뒤편 정원에 묻혀 있던 돌에, 봉과 별 모양 돌을 연결시킨 무기 마카나가 묘사되어 있다(하).

불가사의한 구멍

오얀타이탐보 유적 부근에 방치되어 있는 '지친 바위' 중 하나에 불가사의한 구멍이 여러 개 뚫려 있다(상). 신기한 구멍을 가진 사이위테의 바위(좌하). 잉카와는 구멍의 의미가 다르겠지만, 고대의 바위그림이 많이 남아 있는 아르헨티나 북서부 골짜기에도 무수한 구멍을 가진 바위가 널려 있다(우하).

5. 물에 대한 자세와 이용 방법

필자는 예전에 야생란을 찾기 위해 비가 많이 오는 12~3월 무렵 쿠스코 주의 협곡 지대를 걸어 다닌 적이 있다. 그렇게 생활할 때 근처에 잉카 유적이 있는 곳에서는 안심하고 야영할 수 있었다. 잉카는 토석류(집중호우 등으로 산사태가 일어나 진흙과 돌이 세차게 떠내려가는 현상-역자 주) 등이 생기기 쉬운 지역에 건축물을 거의 짓지 않았기 때문이다.

폭우로 인한 물이 어디서 어떤 식으로 위세를 떨치는지 등에 대한 관찰력이 뛰어나던 잉카는 역시 마찬가지로 어디서 어떤 식으로 자신들이 이용할 물을 얻어야 하는지에 대한 관찰력도 뛰어났다.

3장에서 빌카밤바 산중에 성곽도시를 건설한 이유 중 하나로 산등성이와 사면을 덮는 운무림이 맑은 물과 살기 좋은 적당한 습기를 가져다주기 때문이라는 점을 꼽았다. 운무림에 대해서는 뒤에서 다시 다루겠지만, 잉카는 운무림이 가진 특성을 파악하고 자신들이 가진 취수 능력을 활용할 줄 알았다. 그러한 독자적 관찰력과 기술력은 습윤 지대 이상으로 물을 얻기 힘든 고지에서도 발휘되었다. 이 장에서는 물 이용에 대한 잉카의 지혜와 아이디어, 그리고 물을 대하는 자세 등을 그들이 실제 사용하던 시설 유적을 통해 알아보고자 한다.

1) 안개가 품어낸 숲의 물

마추픽추에서 생활하던 사람들이 건기에도 물을 얻을 수 있던 것은 운무림 덕분이었다. 빌카노타 강(우루밤바 강이라고도 부른다)이 흐르는 마추픽추 아래 골짜기에서 해발 약 2,800m의 마추픽추 봉우리 정상까지는 운무림이 우거져 있다.

이 운무림에 서식하는 여러 종의 야생란이 강한 햇볕이 계속되는 건기를 버텨내는 것은 삼림 속에 밀집한 이끼류와 관계가 있다. 아침저녁으로 발생한 안개가 숲 속에 전해주는 수분을 흡수하는 이끼류에, 야생란이 뿌리를 휘감고 살아가기 때문이다.

이처럼 야생란과 이끼가 공생하는 숲에 저장되었던 물이 솟아나는 곳에 잉카는 수로를 건설하고 마추픽추 중심부까지 끌어왔다. 건기에도 주민들은 그 물 전부를 생활용수로 사용할 수 있었다. 계단식 밭의 작물은 아침저녁의 안개가 촉촉이 적셔주었기 때문이다.

해발 약 3,600m 능선 바로 아래에 있는 푸유파타마르카Puyupatamarca(안개 테라스의 성채)는 언제나 골짜기 쪽에서 올라오는 안개에 싸여 있다. 산등성이 주변에 우거진 운무림 덕분에 건기(5~10월)에도 이 땅에는 천상의 물 그 자체가 샘솟는다. 이곳에서 숲을 타고 내려간 계곡물이 바로 밑에 있는 위냐이 와이나Wiñay Wayna의 성채로 공급되었다.

마추픽추 봉우리의 정상 부근에서 내려다본 마추픽추. 도시를 둘러싼 사면 전체가 운무림으로 덮여 있다.

주변 운무림에서 솟아난 물이 석조 수로를 통해 마추픽추 중심부 '샘물의 거리'로 흐른다(좌). 과거 마추픽추에서 사용되었을 좁은 홈이 파인 석조 수로(우)가 방치되어 있다.

고지 능선의 물

안개가 자욱한 해발 약 3,600m 능선 바로 아래에 위치하는 푸유파타마르카. 샘물을 끌어와 공급하는 상자 모양의 취수장 겸 목욕장도 설치되어 있다.

산야가 가장 메마른 10월의 건기에도 푸유파타마르카의 물은 마르지 않았다(좌). 페루 북부의 차차포야스족은 운무림 아래 사면에 석축으로 둘러싼 연직 우물을 만들었다(우).

◎물의 이용 방법

'영원한 젊음' 위냐이 와이나

'영원한 젊음'이란 의미를 가진 위냐이 와이나(해발 약 2,600m)의 성채와 안데네스. 1,000m 위에 있는 푸유파타마르르카에서 흘러온 계곡물이 하부의 수로로 이어진 10개가량의 상자 모양 취수장 겸 목욕장에 공급되었다(상). 위에서 본 상자 모양의 취수장 겸 목욕장들(하).

2) 경이로운 수로

잉카는 4장에서 언급한 사약마르카 성채 주위의 급사면지에서 샘물을 발견하고, 그곳에서 바위 능선을 따라 수로를 내어 물을 끌어왔다.

커다란 바위가 도처에 널린 급경사면과 바위 능선에 수로를 깔았다는 사실도 놀랍지만, 더욱 눈이 휘둥그레지는 것은 능선 중간에 튀어나온 바위를 마치 부드러운 양갱이라도 다루듯 도려냈다는 점이다. 그러고 나서 성채 쪽으로 통나무 속을 깎아 낸 홈통을 걸쳐놓았다.

또한 마추픽추 뒤에 있는 '잉카의 다리'에는 잉카 시대에 가설한 단단한 나무가 그대로 남아 있으며, 이곳의 바위 능선 아래에도 그런 식으로 오랜 옛날 사용하던 홈통이 아직 방치되어 있다.

3장에서 잉카가 초케키라오를 자급자족 가능한 성으로 개조하고 있었을 가능성에 대해 이야기하였다. 그렇게 생각하게 된 이유로 한 가지 더 추가하고 싶은 것이 안정된 물의 확보를 위한 수로의 존재이다. 유적 관리인에 따르면 도시 안을 위아래로 꿰뚫는 수로는 숲 위쪽을 빠져나가 약 3km나 떨어진 단애斷崖의 계곡까지 이어져 있었다고 한다. 잉카의 석재 가공물 등을 보면서 그들에게는 불가능이란 발상이 없던 것일까 생각했었는데, 이들 수로 제작에 대해서도 역시 같은 생각이 들었다.

◎물의 이용 방법

바위 능선의 수로 사약마르카

사약마르카의 수로. 윗부분을 깊이 도려내 가공한 바위가 있는 능선 아래에서 성채 쪽으로 단단한 나무(운카라는 나무인지도 모른다) 홈통이 걸쳐 있다(좌). 돌을 줄지어 쌓은 수로가 성채 중심부로 이어진다(우).

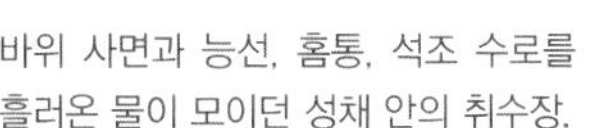

바위 사면과 능선, 홈통, 석조 수로를 흘러온 물이 모이던 성채 안의 취수장.

◎물의 이용 방법

장거리 수로 초케키라오

까마득히 먼 능선 위쪽의 계곡물과 통하는 수로가 숲을 빠져나와 도시 상부에서 둘로 나뉘었다가 아래쪽에서 다시 합류한다.

3) 불가사의한 성수

운무림에서 물을 얻는 것 이상으로 잉카가 지혜를 총동원하여 찾아냈으리라 생각되는 것이 수원이 어디에 있는지 알 수 없는 고지의 샘물이다. 그중 하나가 쿠스코 시 근처 고원에 있는 탐보마차이Tambomachay(매혹의 쉼터)의 물이다. 여기는 단순히 물을 긷거나 목욕을 하는 곳이 아니라, 흘러넘치는 물을 성수聖水로 숭배하는 제사 장소가 아니었을까 한다.

주변은 완만한 구릉 지대로서, 연중 마르지 않는 샘물이 솟아날 법한 지형으로는 보이지 않는다. 잉카가 사이펀의 원리(기압차와 중력을 이용하여 액체를 높은 곳에서 낮은 곳으로 옮기는 것-역자 주)를 알고 있었다고 추정되는 것은 이 탐보마차이에서 솟아나는 물이 너무나도 불가사의하게 느껴지기 때문이다. 어쩌면 개천을 끼고 마주한 산에서부터 보이지 않게 땅속으로 수로를 연결하여, 탐보마차이의 시설을 건설한 것인지도 모른다.

그 밖에 불가사의한 맑은 물을 볼 수 있는 곳이 제7대 황제 야와르 와칵Yawar Waqaq의 전원田園으로 알려진 쿠스코 시 남쪽의 티폰Tipón이다. 약간 높은 산의 기슭에서 역시 천상의 물이 샘솟아 여러 단으로 조성된 안데네스를 따라 흐른다.

또한 탐보마차이와 마찬가지로 성수를 숭배하는 제사를 지냈을 가능성도 있는데, 물길을 넷으로 나눠 낙하시키는 구역이 마치 물을 모신 제단처럼도 보였다. 우기가 찾아오면 물의 색과 소리, 그리고 안데네스에 무성한 풀의 색이 하나로 녹아드는 티폰의 모습이야말로 잉카가 추구하던 궁극의 물과 신록의 상자정원(상자 안에 모형으로 꾸민 정원–역자 주)이 아닌가 생각된다.

이들 고지의 샘물과 비슷한 것이 잉카 시대부터 존재했다는 마라스Maras 염전의 온천수이다. 그저 넓기만 한 고원 가장자리라고도 할 수 있는 지점에서 소금을 대량으로 머금은 더운물이 솟아나와 계단식 염전으로 흘러들어가는데, 상상일 뿐이지만 여기에도 잉카 특유의 장치가 숨겨져 있을지도 모른다.

더욱 불가사의한 것은 잉카의 신전과 역참이 있던 우아라우탐보Huarautambo(페루 중앙부 고지) 도시 안에서 발견한 샘물이었다. 건기가 끝날 무렵이라 양은 적었으나, 커다란 사다리꼴 모양의 돌 상부에 뚫린 세 개의 구멍이 물을 내뿜고 있었다. 산에서 이어지는 지하 수로 건설은 그렇다 쳐도, 대체 어떤 방법으로 거석 내부에 물이 통과하는 구멍을 뚫었을까.

궁금증이 더해갈 뿐이지만 안데스에서는 잉카 이전의 오랜 옛날부터 물을 옮기기 위한 수로와 돌을 놀라운 형태로 가공해왔다. 어떤 도구를 사용했는지는 알 수 없으나, 잉카는 그러한 취수 · 인수引水 관련 기술을 계승하여 더욱 진화 및 발전시킨 것이 틀림없다.

하늘 고지의 물

탐보마차이의 성수. 건기에도 마르지 않고 해발 약 3,700m 고원에 쌓은 석축 안에서 흘러나온다. 성전의 형태로 지어진 상부에 커다란 세로형 벽감 네 개가 나란히 있다.

우아라우탐보(페루 중앙부 고지). 황제도 목욕했을 것으로 추측되는 유적이 초등학교 뒤뜰에 있었다. 건기가 끝날 무렵인 10월이라 양은 적었으나, 거석 상부에 뚫린 세 개의 작은 구멍에서 물이 뿜어져 나왔다.

◎물의 이용 방법

하늘 고지의 물

쿠스코 시 남쪽의 산에 위치한 티폰(해발 약 3,762m). 끌어온 물이 네 줄기로 나뉘어 낙하하는 구역이 마치 성수를 모신 제단처럼 보인다.

쿠스코 시 북쪽 해발 약 3,300m 고지에 있는 마라스의 계단식 염전. 이곳의 소금 전부가 고지에서 대량으로 솟아나는 소금을 머금은 온천수로 만들어진다(좌). 성수가 조용히 흘러나오는 티폰의 한 구역(우).

오랜 옛날의 수로와 석조 파이프

페루 북부 카하마르카 시 교외에 위치한 약 2000년 전의 유적 지대 쿰베마요 Cumbemayo에는 양갱을 잘게 썰어놓은 듯한 암반 수로가 만들어져 있다. 물이 불었을 때의 유속을 늦추려 한 것일까.

아야쿠초 주에 있는 와리 문명(5~10세기경)의 신전 가까이에서 발견한 돌. 안데스에서는 이 시대부터 파이프 형태로 가공한 돌을 연결해 물길을 끌어왔던 것이다.

6. 안데스 농업의 기반 안데네스

해안 지대와 아마존 저지 사이에 위치하며 대략적으로 서쪽, 중앙부, 동쪽이라는 세 개의 산계로 이루어져 남북을 관통하는 안데스 산맥에는 수많은 사면지가 펼쳐져 있다. 그들 사면지의 고도차는 재배지에 한정하면 대강 4,500m가 된다. 그러한 지형을 토대로 안데스에서는 각각의 토지가 가진 기후와 환경을 살린 고도차 이용 농업이 발달하였다. 그리고 사면지 농업의 기반이 된 것이 바로 안데네스(계단식 밭)이다.

일반적으로 널리 알려진 석축 구조의 안데네스는 잉카 시대의 황제 직할 농원으로서 비라코차 신전이 있는 락치 주변, 피삭, 칼카, 우루밤바, 오얀타이탐보 등이 자리 잡은 '잉카의 성스러운 계곡'(이하 '성스러운 계곡')과 수리테Zurite라는 고원 방면에 조성되었다.

이러한 황제의 안데네스에 영향을 주었다고 추측되는 것이 아야쿠초를 중심으로 번성한 와리 문명과 티티카카 호 방면을 중심으로 번성한 티아우아나코 문명의 안데네스이다. 이들 문명이 페루 남부 고지로부터 해안 쪽으로 기울어진 골짜기 지역에 조성한 안데네스는 쿠스코 방면 잉카의 안데네스보다 정교함이 덜하지만, 무수히 많은 석단이 고저차 높은 비탈에 촘촘하게 짜여 있다 보니 그 규모가 어마어마하게 크다.

또한 오랜 옛날부터 안데네스는 꼭 석축 구조가 아니더라도 각 지방에 널리 보급되어 있었다. 특히 지금의 페루 남부에서 볼리비아 북부의 산맥 동쪽 사면에 펼쳐진 안데네스는 마치 대

1973년 볼리비아 오지 산촌에서 일요일에 선 노천 시장은 물물교환이 주류였다.

지의 주름과도 같이 깊은 골짜기의 사면지까지 이어져 있다.

잉카 시대에는 어느 지역이든 황제에 의해 분배된 토지를 아이유라는 공동 사회가 서로 협력하여 유지했다. 그런 식으로 서로 다른 고도와 기후에 적합한 작물을 재배한 다음, 그것들을 가지고 모여 교환하는 풍습이 이어져왔다. 그 자취이기도 한 물물교환은 이전의 양식을 잃어가면서도 아직까지 규모 있는 산촌의 노천 시장에서 이루어지고 있다.

1) 성곽도시와 그 주변

마추픽추 내부 광장과 안데네스의 땅속에서 라카차(아라카차, 9장 참조)와 감자, 아치라(인도칸나), 키노아(비름과의 잡곡, 9장 참조)와 옥수수, 콩과 식물 등의 꽃가루가 발견되었다. 현지 문화부 연구자의 말에 따르면 온난 습윤한 지역 특성과 식량 확보 면을 고려할 때 이들 가운데 옥수수를 가장 많이 재배했을 것이라고 한다.

하이럼 빙엄이 발견했을 때 이 유적 안에서 근근이 생활하던 농부들은 고구마, 고추, 토마토 등을 재배하고 있었다고 하니 잉카 시대에도 그것들을 작물로 삼았을 가능성이 높다. 거주자들은 고지 쪽에서도 식량을 조달했겠지만, 될 수 있는 한 작물을 직접 재배하여 자급하려는 노력도 게을리하지 않았을 것이다.

마추픽추 하부의 벼랑 위와 절벽 와이나픽추 봉우리의 정상 부근에서까지 좁은 안데네스를 찾아볼 수 있다. 또한 위냐이와이나와 그 위쪽에 인접한 인티파타Intipata(태양의 테라스) 등에서는 톱이나 큰 도끼가 없던 시대에 놀라울 정도의 급경사면 삼림대를 벌채하고 견고한 석축을 쌓아 안데네스를 구축해놓았다.

마추픽추 중앙 통로의 대계단 왼쪽, 망루 아래 펼쳐진 안데네스는 수십 단 규모이다. 주로 옥수수가 재배되었다고 한다.

와이나픽추의 안데네스는 중앙 계단을 끼고, 궁전과 신전 건축물이 늘어선 도시 중심부 왼쪽에 수십 단으로 이어져 있다(좌). 그 밖에 하부 벼랑 위에도 조성되었다. 절벽 와이나픽추의 정상 부근까지 좁은 안데네스가 일구어져 있다(우).

◎안데스 농업의 기반

태양의 테라스와 안개의 테라스

나무들을 그저 베어버렸을 뿐이라면 산사태가 일어났을 급경사지에 조성되어 있는 위나이 와이나 상부 근처 인티파타(태양의 테라스)의 안데네스(상). 해발 약 3,600m 고지에 위치한 푸유파타마르카(안개 테라스의 성채)의 안데네스에서는 감자와 키노아가 재배되었는지도 모른다(하).

2) 황제 직할 안데네스

쿠스코 시 북쪽 고원에 길이 900m, 총면적 약 7ha 규모로 펼쳐진 수리테의 안데네스는 세계 최대로 알려져 있다.

산에서 물을 끌어오는 관개 설비를 갖춘 이 황제 직할 안데네스는 지금은 공공 기관계 농업 시험장이 되어 키노아, 옥수수, 비非원산 누에콩 등이 재배된다. 잉카 시대에는 키노아와 감자, 콩과 루피너스의 일종인 타르위 등이 재배되었다고 한다.

빌카노타 강 연안에도 황제 직할 안데네스가 그대로 남아 있다. 그것들은 이 장 첫머리에 서술했듯이 락치와 '성스러운 계곡' 일대에 층층이 조성되어 있었다. 이 '성스러운 계곡'은 해발 2,800m대 온난 지역으로 예로부터 유수의 옥수수 재배지였는데, 특산품은 파라카이라는 상질上質의 알이 굵은 대립종大粒種이다.

잉카가 이 지방 안에서도 강에서 떨어진 높은 위치, 혹은 산 가까이 안데네스를 조성한 것은 그러한 옥수수를 강의 범람으로부터 지키려는 의도가 컸으며, 그 밖에 큰비가 왔을 때의 배수 효과도 기대했던 것으로 보인다.

◎안데스 농업의 기반

황제 직할 농원

길이 900m 이상, 약 7ha의 총면적을 가져 세계 최대로 알려져 있는 수리테의 광대한 안데네스(해발 약 3,850m).

신전과 탐보(역참)가 있던 구획을 둘러싼 오얀타이탐보의 안데네스에서도 옥수수가 재배된다(좌). 칼카 방면에서는 산 가까이로 긴 안데네스가 줄지어 있는데, 역시 옥수수가 재배되고 있다(우).

3) 페루 중앙부의 타르마탐보

탐보로 유명한 오얀타이탐보와 쿠스코 시 서쪽에 위치한 리마탐보Limatambo 등 규모 있는 탐보였던 곳은 어디든 주변에 옥수수를 재배하던 안데네스가 펼쳐져 있다.

페루 중앙부 타르마탐보Tarmatambo의 고지 쪽에서는 감자를 주작물로 삼았고, 잉카의 역참이 있던 부근에서 아래쪽에 걸쳐서는 옥수수를 주작물로 삼았다고 한다. 이 일대에 이어진 계단식 밭은 언뜻 보면 석축 구조 같지만, 실제로는 사면을 깎은 다음 계단 모양으로 쌓아올린 것이었다. 넓은 범위에 이러한 양식으로 조성된 안데네스는 쿠스코 방면에서는 거의 찾아볼 수 없다.

산 쪽 사면에 콜카(식량고) 몇 동이 지어져 있었으나, 쿠스코 주이남과 같은 감자의 보존식(9장 참조) 가공은 기후상 불가능하기 때문에 주로 안데네스에서 수확한 옥수수를 보관했을 것이다.

타르마탐보. 잉카의 숙사가 늘어선 이 일대로부터 아래쪽에 걸친 안데네스에서는 옥수수를 재배했다고 한다.

◎안데스 농업의 기반

타르마탐보

급경사지를 깎아내고 좁은 밭을 층층이 쌓아올린 타르마탐보 아래쪽의 안데네스(상)와 마을 윗부분의 사면을 여기저기 깎아 넓은 밭으로 만든 안데네스(하).

4) 고대로부터 잉카에 전래된 농법

쿠스코 방면의 안데네스를 보면 잉카 황제가 가지고 있던 강력한 힘이 전해져온다. 한편 티아우아나코 문명과 와리 문명이 페루 남부에 구축해놓은, 해안 쪽으로 기울어진 골짜기의 안데네스는 그 시대부터 현재에 이르기까지 양식을 얻기 위해 일해온 사람들이 흘렸을 막대한 양의 땀을 생각하게 만든다.

작은 석축을 무수히 쌓아올린 안데네스는 10, 11세기 무렵 그들 문명이 쇠퇴한 뒤에도 그 지방 사람들에게 이어져, 지금도 고도마다 다른 작물이 계속 생산되고 있다. 꼭 그러한 석축 구조가 아니더라도, 역시 대지의 주름처럼 깊은 골짜기 사면지에 새겨진 안데네스를, 푸노 주의 카라바야(예전에는 카야와야라고도 불렸다) 지방부터 볼리비아 북부 카라바야 지방에 걸친 동쪽 일대에서 찾아볼 수 있다.

또한 잉카의 농업 시험장이었다고도 전해지는 원형 밭이 모라이Moray에 있다. 티티카카 호 방면에서는 건기에 계속되는 가뭄과 서리, 또는 우기의 침수 등으로부터 밭과 작물을 지키기 위해 오랜 옛날부터 와루와루라는 수로를 밭과 나란하게 냈다. 이것 또한 안데네스와 같이 안데스 사람들의 지혜와 아이디어가 녹아 있는 농법이라고 할 수 있겠다.

◎안데스 농업의 기반

고대 문명이 새긴 대지의 주름

와리 문명 시대부터 지금의 마을 사람들에게 계승되어온 안데네스는 아레키파 주의 코타우아시라는 골짜기 경사지까지 이어져 있다(상). 티아우아나코 문명이 월경지로서 건설한 타크나 주 타라타 마을의 안데네스. 오랜 옛날 정비된 관개 시설이 현재도 쓰이고 있다(하).

◎안데스 농업의 기반

산맥의 동쪽 사면지

볼리비아 라파스 주 고지 동북부에 펼쳐진 카라바야 지방 아마레테 마을 남쪽의 안데네스. 바위산 중턱에서 골짜기 바닥으로 내려가며 위쪽에서는 주로 감자, 아래쪽에서는 주로 옥수수가 재배된다(상). 푸노 주 카라바야 지방에도 대지에 촘촘히 새겨진 안데네스가 줄을 잇는다(하).

◎안데스 농업의 기반

농업 시험장과 와루와루

각종 작물을 실험 재배했다고 알려져 있는 모라이의 원형 밭은 폭과 고저차가 100m를 넘는 규모를 가진다(상). 휴한 상태이던 와루와루 농법의 밭(푸노 주). 건기에는 이러한 수로에 채웠던 물로 밭을 축이고, 나아가서는 물의 비열 효과를 이용하여 한밤중에 내리는 서리로부터 수확 전의 작물을 지켰다(하).

7. 전 국토를 망라한 카팍냔

남북 수천 km, 종횡을 합친 전체 길이가 30,000km 이상이었다는 잉카 제국의 카팍냔은 페루를 비롯한 관련 6개국이 신청하여 2014년 세계유산으로 등재되었다. 이 카팍냔이 네 개의 지방을 의미하는 타완틴수유를 그물코처럼 망라하고 있었다.

타완틴수유는 쿠스코를 중심으로 대략 콜롬비아 남단 방면까지를 친차이수유(북방권), 페루 남부와 칠레 북쪽 해안 방면까지를 쿤티수유(서방권), 쿠스코 주에서 볼리비아에 걸친 동쪽 방면을 안티수유(동방권), 볼리비아에서 안데스 산맥에 면한 아르헨티나와 칠레 중부 방면까지를 쿠야수유(남방권)라고 불렀다. 지금부터 이러한 카팍냔의 구조를 몇 가지로 나누어 살펴보려고 한다.

페루 북부 고지 지역에 있는 카하마르카를 향해 난 카팍냔이 해안 지역의 사막을 가로지른다.

1) 돌계단과 완만한 비탈길의 조합

안데스 산맥은 눈과 얼음으로 덮인 봉우리에서 깊숙한 골짜기 밑바닥까지 3~4,000m의 고도차가 나타난다. 필자가 걸은 범위 안에서 가장 심한 기복을 이루며 협곡과 산악 지대가 복잡하게 얽혀 있던 곳은 빌카밤바 지방이었다.

그 가파른 산중에 건설된 마추픽추, 비트코스, 에스피리투팜파, 초케키라오 등의 성곽도시를 잉카 길이 연결하고 있다. 이것도 역시 간선길인 카팍냔이다. 어디나 급경사뿐인 일대를 걸으면서 감탄한 것은 길 만들기에 담긴 잉카의 배려와 마음씀이었다.

급오르막과 급내리막을 피할 수 없는 구간은 그렇다 쳐도, 길을 지그재그로 몇 번이나 꺾어 구부리면서 경사를 완만하게 만들고 가능한 한 계단을 줄였다. 현재 많은 트레커들이 방문하는, 고개와 골짜기를 오르내리며 마추픽추로 향하는 잉카 길에는 계단과 완만한 비탈길이 번갈아 놓여 있다.

이러한 길의 구성은 빌카밤바 산중뿐만 아니라 다른 지방에서도 거의 동일하다.

◎카팍냔

급경사지의 돌계단

에스피리투 팜파와 비트코스에서 마추픽추와 초케키라오 방면으로 통하는 카팍냔. 해발 약 5,428m 고개로 향하는 비탈길에 긴 돌계단이 놓여 있다(상). 마추픽추로 통하는 푸유파타마르카와 위냐이 와이나 간의 돌계단 길(하).

◎카팍냔

완만한 비탈길

빌카밤바 산중의 해발 약 5,000m 고개 바로 밑에서도 비탈길은 가파르지 않다(상). 볼리비아 라파스 주에 위치한 해발 약 4,600m 이상의 눈 내리는 고개에 남아 있는 카팍냔, 타케시 길에도 완만한 비탈길이 깔려 있다(하).

2) 경이로운 석축

잉카의 석재 가공 솜씨를 보면 경이롭다는 말밖에 떠오르지 않는데, 석축을 쌓는 데 있어서도 마찬가지였다. 마추픽추로 통하는 잉카 길에는 급경사 암반이 많은데, 둘레 벼랑길 대부분에 수직으로 석축을 쌓아 보강해놓았다. 그 밖에도 몇 군데나 걸쳐 암벽에 석축이 설치되어 있다.

5장에서 소개한 사약마르카의 나무 홈통처럼 잉카 시대의 단단한 나무가 그대로 남아 있는 마추픽추 뒤편 '잉카의 다리'의 석축은 약 20m 높이에 만들어졌다. 이 다리를 건너면 마추픽추 봉우리의 거대한 절벽을 옆으로 끼고 뻗은 좁은 띠 모양 길로 이어진다.

또한 와이나픽추 봉우리 뒤편에 있는 달의 신전으로 통하는 길은 단애斷崖의 커다란 통바위를 둘러싸듯 석축을 쌓아 만들었다. 잉카가 정복당하고 경과한 약 5세기라는 기나긴 세월 속에서 매년 대량의 빗물이 암반을 타고 흘렀을 것이며, 때로는 지진이 발생한 해가 있었을 텐데도 이들 석축은 무너지지 않고 여전히 흔들림 없이 서 있다.

그 밖에 급경사지에 설치한 지그재그 길과 바위투성이 급사면을 횡단하는 길도 역시 석축이 떠받친다. 그것들 하나하나가 전부 잉카가 남긴 업적 그 자체라고 할 수 있겠다.

◎카팍냔

단애절벽의 석축

마추픽추 뒤편 '잉카의 다리'는 숲에서 20m가량 올라간 단애절벽에 거의 수직으로 쌓아올렸다.

단애절벽의 석축

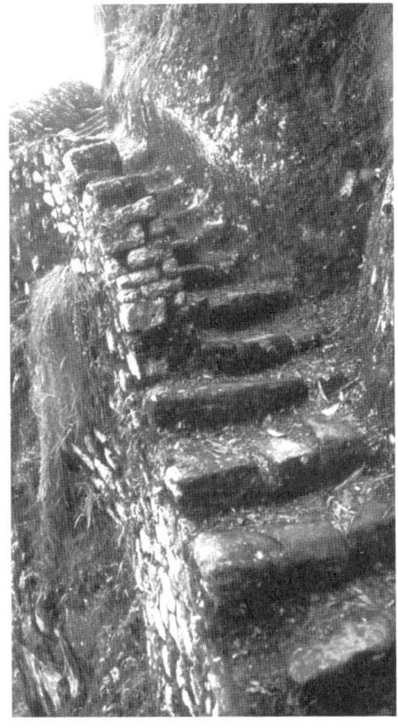

와이나픽추 봉우리의 암반을 돌아 달의 신전으로 통하는 길. 한쪽은 통바위를 깎고, 다른 한쪽은 석축을 붙여 길의 폭을 확보했다(좌). 같은 지점의 아래쪽에서는 암반에 붙여 계단 모양으로 석축을 쌓았다(우).

◎카팍냔

고개와 사면의 석축

볼리비아의 타케시 길은 경사가 급해지는 고개 근처로서, 지그재그로 낸 길을 석축을 쌓아 보강하였다(상). 중앙 고지에서 해안 지역의 대신전 파차카막으로 통하는 잉카 길. 돌이 흩어진 넓은 사면에 석축 구조의 길이 몇 km나 뻗어 있다(하).

3) 돌길과 거석과 호우 대책

각 지방의 카팍냔을 돌아보며 알게 된 것은 도로 건설을 위해 산이나 계곡의 지형을 측량하는 잉카의 능력이 뛰어났다는 사실이다. 현재의 페루에서 보자면 도시와 도시를 연결하는 간선도로 대부분이 잉카가 건설한 카팍냔을 기본으로 하고 있다 해도 과언이 아니다. 그러한 도로 건설에 의해 사라진 구간도 많지만, 도로에서 떨어진 곳이나 험준한 산악 지대 등에 잉카 길은 아직 남아 있다. 다만 그렇다 해도 전부 완성되어 있던 것은 아니며, 개중에는 건설 도중이던 곳도 있다.

나라의 기초인 길을 닦는다는 공공 공사에 얼마나 많은 인간이 정력을 쏟으며 참여했던 것일까. 그 노고를 납작한 돌이 늘어선 돌길, 거석을 깎아 만든 계단 길과 터널 길, 또는 호우로부터 지켜내기 위해 판 도랑 등을 통해 절감하게 된다.

벼랑길이 끝나고 돌길이 깔리기 시작한 잉카 길
아래로 현대의 도로가 뻗어 있다. 아푸리막 주.

◎카팍냔

돌길과 바위 계단

쿠스코 시 근처 산에 남아 있는 돌길. 이 길은 쿤티수유(서방권)로 향하는 간선길로서 아레키파 방면 해안과 연결되어 있다(상). 위나이 와이나와 푸유파타마르카를 잇는 비탈길에 커다란 암반을 깎아 만든 긴 돌계단이 있다(하).

터널과 빗물 대비용 도랑

마추픽추로 통하는 잉카 길 도중에 몇 군데 존재하는 바위산을 파낸 터널 안쪽으로, 거석을 깎아 만든 돌계단 길이 있다(상). 볼리비아의 타케시 길. 많은 길에 이처럼 빗물에 대비하기 위한 도랑이 설치되어 있다(하).

4) 다리와 여러 가지 설비

안데스 산중을 흐르는 강의 규모와 성격에 맞춰 돌다리나 줄다리가 걸쳐져 있었다. 돌다리의 경우는 강의 너비와 흐름의 세기에 따라 수문水門의 수와 높이를 변화시켰고, 줄다리의 경우는 격류가 부딪치는 토대와 건너편 기슭을 석축으로 보강하였다.

또한 주요 간선길에는 차스키(파발꾼)의 대기소, 주요 탐보에는 황제나 귀족이 휴식하는 숙사, 각 지방으로 향하는 기점에는 대검문소, 길 근처에서 온천이 솟아나는 곳에는 목욕장 등을 건설하였다.

잉카 시대부터 전해 내려와 마을 사람들이 교체해온 밧줄로 된 줄다리. 쿠스코 주 아푸리막 강.

◎카팍냔

돌다리의 수문과 줄다리의 토대

페루 중앙부 우아라우탐보에 놓여 있는 17개의 수문을 가진 돌다리. 하부에는 삼각뿔 모양의 돌을 사용했다. 폭이 넓은 다른 강에는 24개의 수문을 가진 돌다리가 있다.

예전에는 마추픽추로 향하는 잉카 길의 기점에 줄다리가 걸쳐져 있었다. 그 다리의 토대 부분과 격류에 침식될 우려가 있는 건너편 기슭이 각각 석축으로 보강되어 있다.

크고 작은 시설

거대 역참이던 오얀타이탐보에 남아 있는 황제와 귀족용 숙사의 대문(좌). 남방권 쿠야수유로 향하는 기점에 위치한 쿠스코 시 남쪽의 대검문소 터(우).

신전도시 우아누코 팜파로 통하는 간선길 옆 들판에 남아 있는 잉카의 온천장(바뇨스 델 잉카)(좌). 약 1.5km 또는 약 2.8km 간격으로 간선길에 설치되어 있었다고 하는 차스키(파발꾼)의 대기소. 빌카밤바 산중(우).

8. 무덤의 형태

잉카 황제들의 유체는 금은을 이용해 소상(미라)으로 장식 및 가공된 다음 태양신전 등에 안치되었다고 한다. 하지만 다른 황족들의 묘지는 땅속에 파묻힌 것인지, 혹은 에스파냐인에게 파괴당한 것인지, 유적으로서는 쿠스코 주 방면에 남아 있지 않다.

한편 어떤 사람들이 매장되었던 것인지는 정확히 알 수 없으나, 작은 원통형 출파Chullpa(돌탑 무덤)가 20기 이상 늘어선 곳도 있다. 또한 이 출파와 비슷한 형태를 한 무덤이 오얀타이탐보의 채석장 부근에도 몇 기 점재한다. 이러한 건물형 무덤이 소수인 반면, '성스러운 계곡'의 산 쪽 절벽에 가면 무덤으로 쓰이던 구멍과 구덩이를 많이 찾아볼 수 있다.

페루 북부의 차차포야스족은 이것들 대신 '공중 무덤'이라고도 할 수 있는 단애형 무덤을 많이 만들었다. 그리고 카하마르카 주에는 더욱 오래된 벤타니야(작은 창문)형 바위산 무덤이 일부 남아 있다. 페루 남부에서 볼리비아에 걸쳐서는 원통형 대형 출파가 흩어져 있다.

뿌리 깊은 사자死者 숭배는 안데스 사회 전체에서 공통적으로 나타나지만, 무덤과 매장의 형태는 지방마다 각각 차이가 있던 것이다.

1) 영묘와 들판의 무덤

마추픽추 내부의 큰 탑 아래에 있는 동굴은 마추픽추 건설을 지시한 제9대 황제 파차쿠티의 영묘라고도 알려져 있다. 그 캄캄한 동굴 안쪽에 놓인 인티와타나라 불리는 석조 조각은 어쩌면 파차쿠티 황제를 상징화한 것인지도 모른다. 또한 도시 상부에는 기단이 설치된 마마파차라는 거석 묘가 있다. 마추픽추의 발견자 하이럼 빙엄은 이 바위 아래쪽에서 고관 여성의 유해를 발견했다고 한다.

쿠스코 동쪽에 위치한 니나마르카Ninamarca(불의 성채)라는 전망 좋은 언덕에는 원통형 출파가 20기 이상 세워져 있다. 오얀타이탐보의 채석장 부근에 남아 있는 출파에는 석재 절단 작업으로 희생된 사람들이 매장되었을 가능성도 있다. 그 밖에 푸노주에서 아마존 쪽으로 기울어진 카라바야 지방의 골짜기에는 커다란 지붕을 얹은 사각형 출파가 늘어선 무덤군이 몇 군데 존재한다.

쿠스코의 '성스러운 계곡' 방면에서 볼 수 있는 구멍과 구덩이를 이용한 무덤군은 아레키파 주의 고원 지대 몇 곳에도 분포되어 있다. 제대로 된 분묘 건축물을 짓지 않던 지방에서는 대부분의 경우 이러한 매장이 일반적이었던 것으로 보인다.

황제의 영묘와 고관 여성의 묘

마추픽추 내부의 큰 탑 아래, 영묘라 알려진 동굴 안쪽으로 인티와타나(해시계, 예배석) 돌이 잠들어 있다(좌). 마추픽추의 상부. 고관 여성의 유해가 매장되어 있었다는 거암 아래쪽에 석조 기단이 설치되어 있다(우).

쿠스코와 푸노 주의 소형 출파

높이 2m가량의 원통형 출파(돌탑 무덤)가 20기 이상 줄지어 서 있는 니나마르카(불의 성채) 언덕.

오얀타이탐보로 가는 채석장을 올려다보는 위치에 몇 기 세워져 있는 원형 출파(좌). 푸노 주에서 아마존 쪽으로 기울어진 카라바야 지방에 여럿 남아 있는 사각형 출파(우).

◎무덤의 형태
동굴과 구덩이의 무덤

'성스러운 계곡' 방면의 산 쪽 절벽에는 구멍과 구덩이를 이용한 무덤이 많다(상). 아레키파 주의 고원에는 바위산 하부와 구덩이에 유해를 매장한 무덤군이 산재되어 있다(하).

2) 남부의 출파

아르헨티나, 칠레 방면으로 펼쳐져 있던 남방권 쿠야수유에 속하는, 쿠스코 주 남쪽에서 볼리비아 서쪽에 걸친 고원 지대에는 지금까지 소개한 출파보다 커다란 출파가 점재한다.

쿠스코 주 중에서도 아레키파 주 가까이 위치한 마우카약타(오래된 마을이라는 의미)에는 잉카의 유적치고는 드문 원형 건축물이 수없이 늘어서, 잉카 양식 사각형 건축물과 서로 섞여 있다. 그 중심부에 반구형 지붕을 가진 훌륭한 원통형 출파가 하나 있으며, 조금 떨어진 곳에 역시 원통형인 작은 출파가 무수히 남아 있다.

또한 푸노 주 우마요 호안에 있는 언덕, 시유스타니Sillustani에 줄지어 선 출파(13세기 중반~14세기 전반 무렵)는 마우카약타의 대형 출파와 같은 양식으로, 모양은 약간 다르지만 마찬가지 반구형 지붕이 덮여 있다. 이곳의 정교한 석조 무덤에는 이 지방의 수장과 그 가족들이 매장되었던 것이 아닌가 생각된다.

한편 티티카카 호 동북 고원 케냘라타Queñalata에는 고대 문명의 묘지로 여겨지는 일대가 존재하는데, 비록 정교함은 뒤떨어지나 크고 작은 원통형 출파가 나란히 서 있다.

◎무덤의 형태
시유스타니

푸노 주 우마요 호반의 시유스타니에는 무수한 출파가 줄지어 서 있다. 잉카와 프레잉카(잉카 이전) 문명이 뒤섞인 형태의 무덤이라고 알려져 있다(상, 좌하). 대형 출파의 내부 안쪽에 설치된 잉카 특유의 벽감에 유체를 안치했던 것인지도 모른다(우하).

마우카약타

쿠스코 주 남서쪽 마우카약타 내에 있는 반구형 지붕을 가진 원통형 출파(상). 이 유적 지대에는 원형과 사각형 건물이 서로 섞여 있다(하).

티티카카 호 동북쪽. 케냐라타 고원에 펼쳐진 고대 문명의 것으로 여겨지는 무덤군에서는 큰 출파 외에 작은 출파도 많이 찾아볼 수 있다.

3) 페루 북부의 '공중 무덤'

페루 북부 카하마르카 주에서는 3~8세기 무렵 축조되었다고 하는 벤타니야(작은 창문)형 무덤 유적이 남겨진 바위산을 몇 군데 찾아볼 수 있다. 이 카하마르카 주 동쪽 방면의 넓은 지역을 거점으로 삼고 있던 차차포야스족은 고저차와 너비가 수백 m 규모를 갖는 단애에 무덤을 만들었다. 인간이 어떻게 접근했는지 이해조차 하기 어려운 절벽의 동굴과 단층에 무덤 건축물을 짓고 천과 밧줄로 감싼 미라를 안치했던 것이다.

그 밖에 사르코파고(석관)라 불리는 목제상과 진흙상을 단애에 나란히 배치하고 내부에 유체나 미라를 매장하기도 하였다. 이 지방 사람들은 이처럼 거주구와 가까운 높은 곳에 '공중 무덤'이라 할 만한 형태로 죽은 자를 매장하고 기도를 올리는 사자 숭배를 계속했다.

카하마르카 주의 산야에는 벤타니야형 바위산 무덤이 몇 곳 점재하고 있다.

단애 속의 무덤 건축물

페루 북부. 고도차 수백 m의 단애에 만들어진 차차포야스족의 단애 무덤. 절벽의 동굴과 단층을 이용하여 아도베 구조의 무덤 건축물을 짓고, 내부에 미라나 유해를 안치했다.

◎무덤의 형태

줄지어 선 조각상 사르코파고

유체나 미라를 안치한 사르코파고(석관)라 불리는 목제상과 진흙상을 거대 암벽에 나란히 세운 차차포야스족의 '공중 무덤'

9. 잉카를 지탱한 주요 원산 작물

6장에서 안데스 사면지의 고도차는 경작지에 한하여 대략 4,500m 정도였다고 서술한 바 있다. 그로 인해 각 지방에서는 기후와 기온에 따라 재배 작물이 변화하였고, 하루하루의 식사 내용도 달라졌다.

지금도 아마존 지방에서는 시내를 벗어나면 대부분의 민가가 거의 매일 유카(별명 카사바, 등대풀과)와 요리용 바나나(플라타노, 파초과)를 중심으로 식생활을 영위하고 있다.

이러한 식생활은 해마다 바뀌고는 있지만 고지 지역에도 적용되어, 대략적으로 말하면 감자(가짓과)가 잘 자라는 해발 약 3,000~4,000m 고지대에서는 거의 매일 감자와 감자를 가공한 보존식류, 또는 그것들을 으깨 만든 죽 형태의 수프 등을 위주로 먹는다. 야산에 일하러 나갈 때도 삶은 감자나 그 보존식을 지참하고 있다.

한편 옥수수(볏과)가 많이 나는 해발 약 2,500~3,000m 순準고지 일대에서는 모테라고 하는 삶은 옥수수, 말린 옥수수를 으깨 만든 수프, 재와 함께 삶아 껍질을 벗긴 파타스카라는 옥수수를 건더기로 넣은 수프 등이 아침저녁 식사의 주류를 이룬다. 야산에서의 간식도 모테나 볶은 옥수수인 경우가 많다.

이처럼 각각의 고도대에서 살아가는 안데스의 마을 사람들은 예로부터 자신들이 가진 밭과 궁합이 맞는 작물에 의지해왔다. 동시에 아이유라는 공동체를 유지하는 가운데, 서로의 수확물을 교환함으로써 치우친 식생활을 개선했던 것이다.

근년 들어 쿠스코의 시장에서도 대량으로 유통되기 시작한 아열대 및 열대산 유카(좌). 아마존 지방의 시장에 진열된 커다란 요리용 바나나(우).

그러한 습관은 현재 예전만큼 활발하지는 않지만 주 1회 큰 마을 광장에서 열리는 노천 시장의 물물교환으로 이어지고 있다.

이 장에서는 저지 지역부터 고지 지역까지 넓은 범위에서 재배되어온 안데스의 작물 전반에 대해 소개하고자 한다.

1) 옥수수와 감자

옥수수는 해안과 아마존 지방부터 해발 3,000m 부근 고지까지 폭넓은 범위에서 재배되고 있다. 더욱 고도가 높은 곳에서는 추위에 강한 원산 잡곡 키노아(비름과), 타르위(콩과) 등과 함께 심는데 이러한 섞어짓기가 잉카 시대부터 시행되어왔다.

색깔이 화려한 것부터 소립종, 중립종, 대립종까지 옥수수는 종류가 풍부하다. 어느 것이든 볶아 먹을 수 있지만, 수프 이외에도 중립종과 대립종은 으깬 알갱이를 옥수수 잎(팡카)에 싸서 찌는 일본의 치마키(조릿대 잎에 싸서 찐 찹쌀떡–역자 주) 비슷한 음식, 또는 구운 빵 등으로 가공된다. 또한 예로부터 탁주인 치차의 원료로도 사용되고 있다. 이 치차는 오랜 옛날에는 여자들이 알갱이를 씹어 발효시켰으나, 잉카 시대가 되고부터 발아시킨 다음 으깨는 방식으로 바뀌었다.

황제가 대접하는 귀중한 술이었던 치차는 이제 마을 사람들의 생활 깊이 녹아들어, 남녀 대부분이 일요日曜 시장에 나가 즐겨 마신다. 그리고 축제와 가축의례 기간, 작물을 파종하고 수확할 때 등은 사전에 각 가정에서 손수 빚어, 목을 축이거나 대지의 신들에게 바치곤 한다.

옥수수와 함께 안데스 사람들의 식생활을 지탱해온 것이 감자이다. 잉카 시대부터 내려오는 고유 계통종인 파파 나티바(원종계 감자)의 품종 수는 4,000가지 이상이라고 알려져 있다. 대체로 작은 것이 많으나 각 품종의 모양과 색, 맛이 놀랄 만큼 다양하며 전부 맛이 좋다. 다만 현재는 병충해에 내성이 있다거나 알이 굵어 요리용으로 알맞다는 등의 이유로, 많은 지방에서 개량종 재배로 바꾸는 추세이다.

감자가 잉카 시대, 그리고 잉카가 멸망한 뒤에도 안데스 고지 사람들의 식생활을 책임질 수 있던 이유는 무엇보다 추뇨와 모라야라는 보존식으로 가공되었기 때문이다. 이것들은 오랫동안 보존 가능할 뿐만 아니라 가벼운 고형물로 변하여 운반도 편리했으므로, 다른 지방에 가져가 여러 가지 작물과 교환할 수 있었다. 가공에 적합한 파파 나티바에는 추뇨용으로 쿠시, 모라야용으로 강한 독성을 지닌 와냐와 루키 등이 있다.

보존식 가공에는 5, 6월 무렵 한밤중에 내리기 시작하는 서리와 한낮의 햇볕이 이용된다. 하지만 가공에 가장 필수적인 강한 서리가 내리는 지역은 대략적으로 쿠스코 주 북쪽에서 볼리비아 라파스 주 근처까지로 한정되어, 안데스 전체에서 보면 범위가 그리 넓지 않다. 그 대신 다른 대부분의 지방에서는 삶은 감자를 말린 카라풀카로 가공하였다.

'성스러운 계곡'에서 나는 대립종 옥수수 파라카이 대부분이 자이언트 옥수수로서 일본에 수출되고 있다(좌). '성스러운 계곡'과 락치 방면에서 많이 재배되는 색색의 옥수수(우).

발아시킨 옥수수(호라)(좌)를 절구로 빻고 푹 끓인 다음 항아리에 보존해두면 다음 날에는 치차가 완성된다. 보존 일수가 늘어남에 따라 맥주와 같아지거나, 그보다 더 높은 도수를 갖게 된다(우).

◎잉카의 원산 작물

원종계 감자와 보존식 만들기

모양과 색, 무늬, 맛 등에 따라 각각 품종명이 붙어 있는 원종계 감자 파파 나티바. 전반적으로 단맛이 나며 물기가 적은 분질粉質 감자가 많다.

한밤중부터 아침까지는 서리, 낮에는 햇볕을 며칠간 쐬어준 뒤 매일 발로 밟아 물기를 제거하는 추뇨 만들기(좌). 모라야의 경우는 서리에만 노출하고 햇볕을 피하는데, 이른 아침에 그러모아 천 등을 덮고 해가 질 무렵 다시 펼치는 작업을 며칠간 반복하고 나서, 물속에 약 20일간 담근 다음 건조한다(우).

2) 풍부한 작물

안데스의 덩이줄기 식물은 종류가 많다. 고지 지역에서는 감자 이외에 오카(괭이밥과), 마슈아(별명 아뉴, 한련과), 리사스(별명 오유코, 낙규과) 등이 주로 해발 약 2,700~3,000m에서 재배되고 있다. 그 밖에 같은 고도대에 요리용은 아니지만 일본에서도 찾아볼 수 있게 된 야콘(국화과)이 있다.

그보다 고도가 내려가는 아열대 지방에는 뿌리를 삶아 먹는 달콤한 아치라(홍초과의 인도칸나), 껍질만 벗기면 생으로 먹을 수 있지만 보통 수프의 재료로 사용하는 라카차(아라카차, 미나리과) 등이 있다.

저지대의 더운 지방에서는 고구마(메꽃과)와 유카를 경작한다. 이 유카는 둘로 나누어지는데, 하나는 삶거나 수프의 재료로 사용하는 유카 둘세(단 유카)이고, 다른 하나는 강물에 담가 독성을 제거하고 으깨서 말리는 가루 식품 파리냐나 질냄비에 구운 빵과 비슷한 카사베(콜롬비아 방면에 많다)로 가공하는 유카 아마르가르(쓴 유카)이다.

한편 예로부터 고지 지역의 작물로 빼놓을 수 없는 것이 잡곡 키노아였다. 일본의 댑싸리를 닮은 키노아의 씨앗은 식물섬유, 칼륨, 칼슘을 비롯한 미네랄을 다량 함유하고 있는 영양가 높은 음식이다. 콩과 작물로는 강낭콩 외에, 모라야와 마찬가지로 20일 정도 물에 담가 독성을 제거하는 타르위(루피너스의 일종)가 있었다.

호박(박과)은 연중 비가 거의 오지 않는 해안 지역이나 아열대

기후인 안데스 산맥 동쪽의 골짜기 지대에서 재배된다. 이 지방에서는 칼라바사, 아빙카(주키니계) 등으로 불리는 여러 가지 호리병박류(박과)도 많이 볼 수 있다.

역시 같은 지방에서 고도가 내려간 열대 지역에서는 색, 모양, 매운 정도가 저마다 다른 고추류(가짓과)가 풍부하다. 그 밖에 토마토(가짓과), 과일인 아보카도(녹나뭇과), 파인애플(파인애플과), 파파야(파파야과), 체리모야(포포나무과), 그라나디야(시계꽃과) 등도 있다.

이와 같이 고저차의 폭이 넓은 안데스는 원산 작물의 보고라 해도 좋을 만큼, 식용 식물이 다양하고 풍족했던 것이다.

다양한 덩이줄기 식물

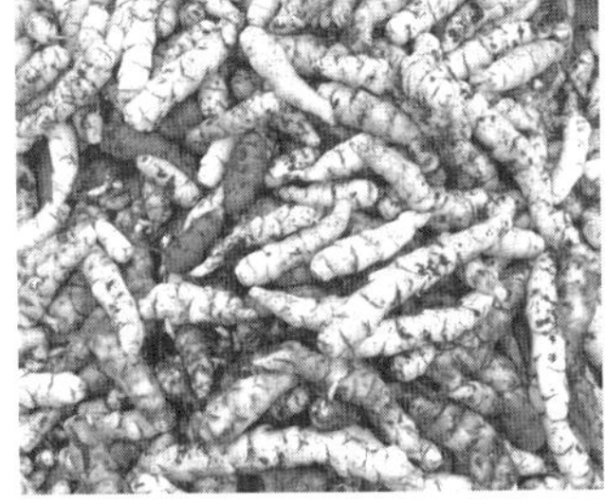

양 끝이 둥근 10cm 정도의 오카. 햇볕을 많이 쬘수록 단맛이 산다(상). 모양과 색이 오카를 닮은 마슈아는 한쪽 끝이 뾰족하다(중). 가늘고 긴 것과 둥근 것, 녹색, 붉은색, 연보라색 등 종류가 많은 리사스는 껍질을 벗기지 않고 요리할 수 있다(하).

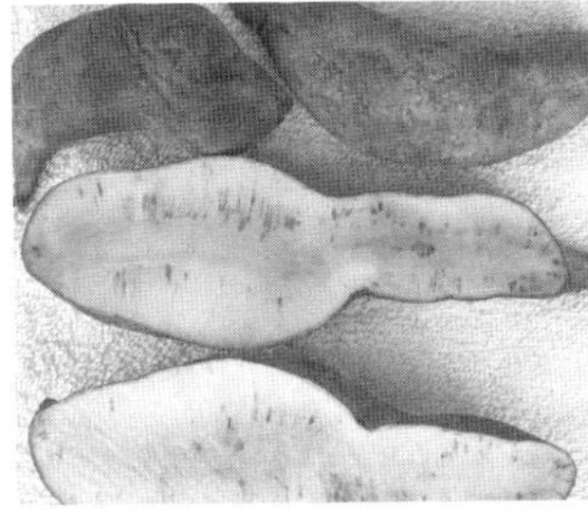

배와 비슷한 단맛과 식감을 가져 대부분 생으로 먹을 수 있는 땅속의 과일 야콘(상). 쿠스코의 시장에 진열되어 있는 아열대 지방산 라카차(아라카차)는 주로 수프의 재료로 사용한다(하).

곡물과 채소

키노아의 씨앗은 물속에서 훑어내 수프의 재료로 넣는 경우가 많다(좌). 보름 이상 물에 담가 독성을 제거한 타르위 콩. 갈아 으깨 요리하면 두부 맛이 난다(우).

호박은 종류가 많다. 커다란 호박은 시장에서 kg 단위로 판매되고 있다(좌). 호리병박류도 종류가 많다. 주키니계 아빙카와, 수프 또는 주요리로 사용되는 하얀 칼라바사(우).

3) 식량고 콜카, 키푸 매듭, 가축

잉카는 바람이 잘 통하는 골짜기 안과 탐보(역참) 주변에 식량고 콜카를 지었다. 거기에는 옥수수와 감자로 만든 보존식품인 추뇨와 모라야 등이 저장되었다. 콜카의 습기를 방지하기 위해 작은 돌과 흙을 섞어 벽에 바르거나, 통기성을 유지하기 위해 건물과 건물 사이에 가는 칸막이를 설치하고 하부를 가로지르는 통기 구멍을 내기도 했다.

이러한 콜카에 보관되는 식량은 전부 키푸라는 매듭을 다루는 관리가 기록, 통제하였다. 또한 그곳까지 운반하는 가축으로는 주로 야마가 사용되었지만, 때로는 알파카까지 동원하는 경우도 있었다. 이들 가축은 그렇게 짐을 옮기는 작업을 했을 뿐만 아니라 배설물은 비료와 연료, 털은 의류, 털가죽은 침상, 가죽은 밧줄 등에 이용되면서 사람들의 생활을 도왔다.

키푸를 통해 식량을 비롯한 주민과 병사의 수, 또는 병사에게 배급하는 석제 무기, 의류, 신발 등을 관리했다고 한다.

◎잉카의 원산 작물

식량고 콜카

오얀타이탐보의 산 쪽 지역, 눈과 얼음으로 덮인 봉우리에서 불어 내려온 바람이 흐르는 골짜기 안에 무수히 많은 콜카가 지어져 있다.

습기 흡수를 위해 흙을 많이 사용하여 벽을 바른 콜카(좌). 돌과 흙을 섞어 쌓은 건물과 건물 사이에 가는 칸막이가 설치되어 있는 콜카(우). 둘 다 하부에 반출구가 마련되어 있다. 모두 오얀타이탐보 주변.

일하는 야마와 알파카

30kg 가까운 짐을 운반하는 몇 마리의 야마(상). 흔히 볼 수는 없지만 천진난만하고 마이페이스인 알파카가 20kg 정도의 짐을 싣고 있었다(하).

10. 바다와 해산물

해안 지방의 넓은 범위에 걸쳐 수많은 고대 문명이 성쇠를 반복해왔다. 여기에서는 그들 고대 문명과 이 지방을 정복한 잉카가 해산물과 어떻게 관계 맺고 있었는지 가볍게 다루어보고자 한다.

한류가 북상하는 페루의 바다는 예로부터 해산물이 풍부했다. 그중에서도 안초비(멸치)가 지천을 이루며, 그 안초비를 먹이로 삼는 구아나이(가마우지의 일종)와 펠리컨 등의 바닷새, 강치의 일종 오타리아 등이 무수히 서식하고 있다. 비료용 안초비 중심의 어획을 통해 페루는 1960년대 초부터 10년가량 세계 최대 수산국의 자리를 차지하기도 하였다. 또한 바닷새가 여러 섬들에 떨어뜨리는 구아노(새똥)도 비료용으로서 19세기경 페루의 주요 수출자원이었다. 해안 쪽에서 성하고 쇠퇴한 수많은 문명을 지탱해온 사람들 가운데는 옥수수 등을 경작하던 농민들 외에 물고기와 조개 등을 잡던 어민들의 비율도 높았다. 페루 북부에는 그러한 어패류를 그린 고대 토기가 남아 있다. 그리고 잉카 혹은 프레잉카(잉카 이전) 시대부터 해안 지역에서 고지 지역으로 운반되었다는 어패류와 해조류를 끌어올리던 어항과 건조장도 남부 해안에 남아 있다.

구아나이와 조개류

리마 남쪽의 파라카스 반도 근처 섬들에 가마우지의 일종 구아나이가 떼를 지어 서식하면서 비료용으로 적합한 새똥을 끊임없이 떨어뜨린다(상). 파라카스 반도 남쪽에서 대합과 가리비 등을 끌어올리는 어민(하).

1) 남부 해안에 남겨진 어로의 흔적

페루의 해안 지방은 대부분 사막이다. 잉카 시대, 그 적막한 사막의 벌판 속으로 뻗은 카팍냔에서 갈라져 나간 여러 갈래 길이 고지 쪽으로 이어져 있었다. 그 길 위로 무수히 많은 야마를 거느린 대상隊商이 내려와서는, 건조 어패류와 해조류를 싣고 다시 고지 쪽으로 돌아갔다고 한다. 또한 차스키를 통해 신선한 생선이 쿠스코의 황제에게 보내졌다고도 전해진다.

남부 아레키파 주의 해안에는 잉카의 어항이자 탐보였다고 알려진 푸에르토 잉카Puerto Inca(케브라다 데 라 바카Quebrada de la Vaca)가 있다. 땔감과 물 등을 어떻게 확보했는지는 분명하지 않지만, 이 푸에르토 잉카에는 수많은 인간이 머물렀을 건물을 비롯해 대량의 건어물류를 보존하던 저장 구덩이가 남아 있다.

그리고 더 남쪽으로 내려가 타크나 주의 해안에는 바닥에 작은 돌을 깔고 해조류나 조개류를 말리던 텐달이라 불리는 원형 건조장이 있다. 주변에는 고지대에 우기가 찾아오는 12~3월의 여름 동안 채취와 건조 작업으로 일상을 보내던 사람들이 바위 그늘에서 생활하던 흔적이 남아 있으며, 곡물을 빻던 것으로 추측되는 돌갈판도 몇 개 방치되어 있다.

해안가의 잉카 길

페루 남부 타크나 주의 해안에 남아 있는 잉카 길. 야마의 등에 건어물을 실은 카라반은 이러한 잉카 길을 통과해 고지대로 향했을 것이다.

푸에르토 잉카

순찰하러 온 잉카 관리의 숙사나 어로 종사자들이 머물던 집으로 여겨지는 푸에르토 잉카의 건축물군(상). 내부에 돌을 두르고 말린 어패류를 저장한 것으로 알려진 구덩이가 내포(바다나 호수가 육지 안으로 휘어 들어간 부분-역자 주) 근처에 무수히 남아 있다(하).

남부 지방 타크나 주의 해안에 물고기와 조개, 해조류 등을 말리던 지름 약 2m의 원형 건조장 텐달이 남아 있다.

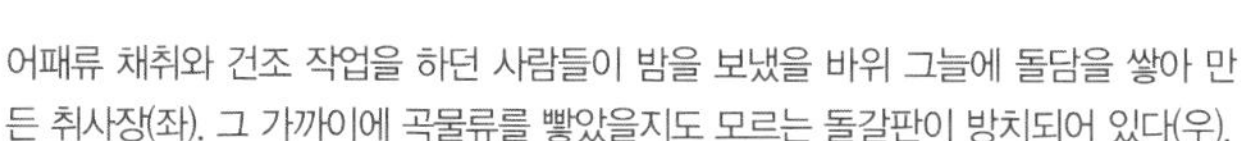

어패류 채취와 건조 작업을 하던 사람들이 밤을 보냈을 바위 그늘에 돌담을 쌓아 만든 취사장(좌). 그 가까이에 곡물류를 빻았을지도 모르는 돌갈판이 방치되어 있다(우).

2) 전통적 어획법과 토기

크로니스타 중 한 사람은 잉카 시대에 마게이(용설란) 잎에서 얻은 섬유로 그물을 만들어 새를 잡았다고 기록하고 있다. 그러한 그물이 바다에서도 사용되었을 가능성이 높다. 또한 더욱 오래된 옛날부터 목화나 마게이의 섬유 같은 것으로 만든 실을 이용한 낚시를 통해서도 물고기를 잡았다. 페루 북부 트루히요 시의 '대학 박물관'에 전시되어 있는 해설도판에는 뗏목을 탄 남자들이 물고기를 그물에 몰아넣는 그림이나 선인장의 가시, 동물의 뼈, 조개껍데기 등으로 만든 낚싯바늘의 그림 등이 실려 있다.

그 밖에 역시 크로니스타의 말에 따르면 작은 배의 한쪽 끝에 20~40발(1발은 어른이 양팔을 벌렸을 때의 폭) 길이의 끈을 묶어 놓고 작살 낚시도 했는데, 작살이 명중하면 배에 서 있던 남자가 마치 바다 위를 나는 새처럼 빠른 속도로 커다란 물고기에게 끌려갔다고 한다.

그렇게 고기잡이에 사용되던 작은 배가 지금도 트루히요 시 부근 해안에서 어민들이 사용하는 토토라(금방동사니과)제 카바이토 데 토토라가 아니었나 생각된다. 이외에 뗏목용으로는 아마존 지방에 자생하고 있는, 토파라는 발사(뗏목)나무의 원목 등이 쓰였을 것으로 보인다.

소형 토토라 배

가벼워서 들어 나를 수 있고 가라앉지 않아 안전한 카바이토 데 토토라는 지금도 트루히요 시 부근 바다에서 어부들이 사용하고 있다(상, 좌하). 모체 문화(100~700년 경)의 토기 무늬에 토토라를 중심으로 한 생태계 고리가 그려져 있다(우하).

낚시 도구와 그물

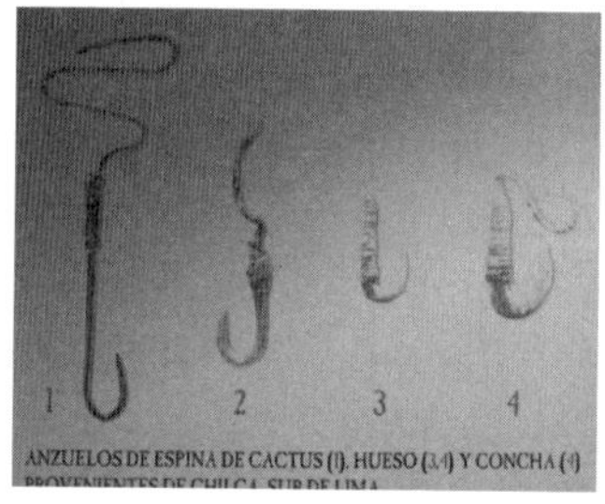

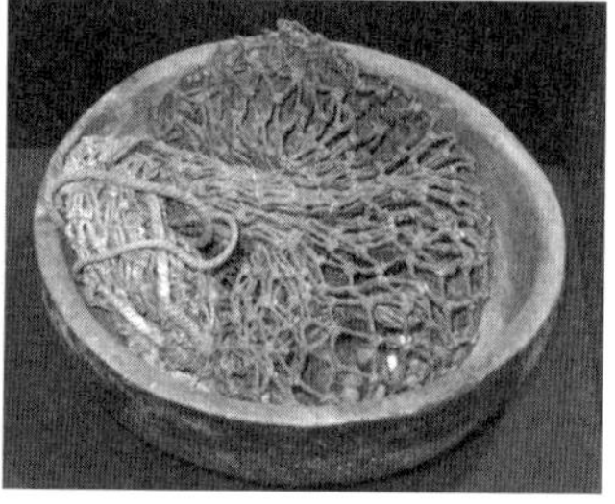

토토라 배에 탄 어부 전사가 괴수로 변한 바다 생물과 분투를 벌이는 모습이 그려진 모체 문화의 토기 무늬(상). 선인장의 가시와 짐승의 뼈, 조개껍데기 등을 가공해 만든 모체 시대의 낚싯바늘이 실려 있는 해설도판(좌하). 마게이 섬유로 제작한 것으로 추정되는 동시대의 작은 그물(우하).

모체 문화의 토기

모체 문화의 토기. 토토라로 만드는 카바이토 데 토토라를 닮은 배에 탄 남자(상)와 게, 새우, 문어 등이 묘사되어 있다(하).

역자 후기

잉카 제국이 탄생한 땅 페루는 우리나라와는 지구 반대편에 위치하고 있어 웬만해서는 가볼 만한 기회가 없습니다. 처음에는 수수께끼의 공중도시 마추픽추나 나스카 지상화 등에 대한 단편적인 지식과 약간의 호기심만 가지고 번역 작업을 시작했지만, 그 땅의 자연과 그곳에 살던 사람들, 그들이 낳은 세계관을 알면 알수록 깊은 매력을 느끼게 되었습니다.

장대한 안데스의 품에 안긴, 하늘에서 가까운 그 땅에 지금도 제국의 후손들이 자연에 깃든 신들과 더불어 살아가고 있다고 생각하니, 언젠가 한번 가보고 싶어졌습니다. 지리적으로는 멀리 떨어져 있어도 우리처럼 외세의 침입에 저항한 역사가 있다는 점에서는 일종의 동질감이 느껴지고, 우리가 즐겨 먹는 옥수수와 감자의 고향이라는 사실을 생각하면 어쩐지 신기하기도 합니다.

문자로 된 기록물이 없어 여전히 풀리지 않는 수수께끼를 간직한 잉카 제국은 그렇기에 더욱 신비한 매력으로 사람들의 흥미를 끄는 것인지도 모릅니다. 빈틈 하나 없이 견고한 석조 건축물과 가파른 산을 깎아 만든 끝이 보이지 않는 계단식 농경지, 아직도 물이 마르지 않는 수로 등을 보면 그저 감탄하고 끝나는 것이 아니라, 변변한 도구도 없이 어떻게 재료를 운반하고 건설할 수 있었을까, 왜 저렇게까지 할 필요가 있었을까, 어떤 의미가 담긴 것일까 끊임없는 호기심이 솟아나기 때문입니다.

이 책을 통해 독자 여러분도 가장 지혜로운 형태로 주어진 환경을 활용할 줄 알았던 잉카인들의 삶과 문화와 업적에 대해 흥미를 갖는 계기가 되었으면 합니다.

2016년 7월 15일
옮긴이 남지연

잉카의 세계를 알다

초판 1쇄 인쇄 2016년 8월 20일
초판 1쇄 발행 2016년 8월 25일

저자 : 기무라 히데오, 다카노 준
번역 : 남지연

펴낸이 : 이동섭
편집 : 이민규, 김진영
디자인 : 이은영, 이경진, 백승주
영업 · 마케팅 : 송정환, 안진우
e-BOOK : 홍인표, 이문영, 김효연
관리 : 이윤미

㈜에이케이커뮤니케이션즈
등록 1996년 7월 9일(제302-1996-00026호)
주소 : 04002 서울 마포구 동교로 17안길 28, 2층
TEL : 02-702-7963~5 FAX : 02-702-7988
http://www.amusementkorea.co.kr

ISBN 979-11-274-0097-2 04950
ISBN 979-11-7024-600-8 04080

INKA NO SEKAI WO SHIRU
by Hideo Kimura, Jun Takano

First published 2015 by Iwanami Shoten, Publishers, Tokyo.
This Korean edition published 2016
by AK Communications, Inc., Seoul
by arrangement with the proprietor c/o Iwanami Shoten, Publishers, Tokyo

이 도서의 국립중앙도서관 출판예정도서목록(CIP)은 서지정보유통지원시스템
홈페이지(http://seoji.nl.go.kr)와 국가자료공동목록시스템(http://www.nl.go.kr/kolisnet)에서
이용하실 수 있습니다. (CIP제어번호: CIP2016017448)

AK이와나미시리즈

일본의 지성을 대표하는 출판사 이와나미서점의 지식 · 교양서를 소개!!
삶과 인간, 사회에 대한 명사들의 탁월한 고견을 만나본다.
세상을 더욱 깊고 올바르게 바라볼 수 있는
인문학적 성찰의 토대를 마련한다!!

이와나미서점 창업주 이와나미 시게오
나카지마 다케시 | 가격 12,800원

일본 지성을 대표하는 이와나미서점의 창업주로서 인문학 보급에 앞장섰던 출판인 이와나미 시게오의 번민과 꿈을 살펴보며 그 생애를 조명한다.

001 이와나미 신서의 역사
가노 마사나오 | 가격 11,800원

이와나미서점에서 1938년 창간되어 일본 지성의 요람으로서 시대를 이끌었던 총서 시리즈 이와나미 신서의 탄생부터 현재에 이르기까지 그 역사를 짚어본다.

002 논문 잘 쓰는 법
시미즈 이쿠타로 | 가격 8,900원

글이란, 애당초 '어떻게 생각해야 할까'를 떠나 '어떻게 쓸까'는 존재할 수 없다. 이에 당대의 문장가인 저자가 문장 구성의 기본 규칙에 대해 상세하게 설명한다.

003 자유와 규율 -영국의 사립학교 생활-
이케다 기요시 | 가격 8,900원

엄격한 규율 속에서 자유의 정신이 훌륭하게 성장해가는 영국 퍼블릭 스쿨의 교육 시스템에 대해 살펴보면서 탁월한 참교육이란 무엇인지 알아본다.

004 외국어 잘 하는 법
지노 에이이치 | 가격 8,900원

사전 · 학습서를 고르는 법, 발음 · 어휘 · 회화를 익히는 법, 문법의 재미 등 학습을 위한 요령을 저자의 체험과 달인들의 지혜를 바탕으로 알기 쉽게 이야기한다.

005 일본병 -장기 쇠퇴의 다이내믹스-
가네코 마사루, 고다마 다쓰히코 | 가격 8,900원

장기화된 불황, 실업자 증가, 연금제도 파탄, 저출산 · 고령화의 진행, 산업경쟁력과 과학기술의 후퇴, 격차와 빈곤의 가속화 등 아베노믹스가 불러온 일본병을 낱낱이 파헤친다.

006 강상중과 함께 읽는 나쓰메 소세키
강상중 | 가격 8,900원

나쓰메 소세키를 인생의 스승이라 여기며 수없이 그의 작품을 음미해온 저자 강상중이 나쓰메 소세키 대표 작품들 면면에 담긴 속뜻을 알기 쉽게 해설한다. 100년이 지나도 변치 않는 나쓰메 소세키의 진정한 매력을 발견할 것이다.